"新教育"系列丛书

一场穿越时空的探险

原来孩子可以这样学历史

[德] 克里斯托夫·林登贝格 著

董航 译

西南交通大学出版社
·成都·

图进字 21-2019-295 号

Copyright ©by Waldorf Publications
Published by Waldorf Publications (the Publisher name of the English Edition)
Translated and Printed in Chinese with Permission from Waldorf Publications
ALL RIGHTS RESERVED
本书由人本教育平台"天使在线"组织翻译和策划出版

图书在版编目（CIP）数据

一场穿越时空的探险：原来孩子可以这样学历史／（德）克里斯托夫·林登贝格著；董航译. —成都：西南交通大学出版社，2019.10
（"新教育"系列丛书）
书名原文：Teaching History
ISBN 978-7-5643-6977-4

Ⅰ. ①一… Ⅱ. ①克… ②董… Ⅲ. ①历史课－教学研究－中小学 Ⅳ. ①G633.512

中国版本图书馆 CIP 数据核字（2019）第 150592 号

书名原文：Teaching History

"新教育"系列丛书

Yichang Chuanyue Shikong de Tanxian：
Yuanlai Haizi Keyi Zheyang Xue Lishi

一场穿越时空的探险：
原来孩子可以这样学历史

[德] 克里斯托夫·林登贝格　著		责任编辑　郑丽娟	
董　航　译		封面设计　原谋书装	

印张	11　字数　146千	成品尺寸	170 mm×230 mm
版本	2019年10月第1版	印次	2019年10月第1次
出版	西南交通大学出版社	地址	四川省成都市金牛区二环路北一段111号 西南交通大学创新大厦21楼
印刷	四川煤田地质制图印刷厂	邮政编码	610031
网址	http://www.xnjdcbs.com	发行部电话	028-87600564　028-87600533
书号	ISBN 978-7-5643-6977-4	定价	39.00元

图书如有印装质量问题　本社负责退换
盗版举报电话：028-87600562

一封致未来的信

李泽武

古希腊有一位智者叫芝诺，他有一个著名的悖论，是说神话中善跑的阿喀琉斯和乌龟赛跑，尽管他的速度是乌龟的百倍，他却永远追不上乌龟。因为在比赛中，阿喀琉斯首先要赶到乌龟的出发点，而当他追到这一点时，乌龟已经向前爬行了一段距离，而当他追到乌龟爬行的这个起点，乌龟又已经从新起点向前了，阿喀琉斯只能再追……这样，乌龟会制造出无穷个起点，并能在起点与自己之间制造出一个距离，不管这个距离有多小，但只要乌龟不停地奋力向前爬，阿喀琉斯就永远也追不上乌龟！

这个悖论有点烧脑，超出了常识，事实上它也并不影响阿喀琉斯轻而易举地赶上乌龟。但是，如果我们放到历史中考察，却惊人地发现常常发生这样的真实——我们永远赶不上已经发生的事情，哪怕刚过去1秒，0.1秒！

历史就是这样不可企及，在某一个时间点上发生，有具体的时空背景，而当我们有意识地去观察、思考这个发生的时候，它已经过去了，绝不回头。我们就像悖论里的阿喀琉斯一样，"该死的"永远没有办法追上发生时的那一点。我说"该死的"，是因为为我们的有限懊悔——世上没有后悔药！"如果早知道，我会如何如何啊……"这样的说法只有徒增烦恼。历史在真实发生时，就有这样一种命运的属性，注定是不知不觉的。

那么，我们能不能穿越时空、穿透时空，真的赶上那个乌龟出发的点？

历史学中，预言未来万分恐怖，因为那是先知先觉们干的事情。但是，在教授孩子历史的过程中，教师又必须干先知先觉们干的事情，那是因为，孩子代表着未来，也迅速地遭遇未来。他们很快就能兑现我们在课堂上所说的东西，验证它们是否可行。那么，我们如何教授历史，如何找到未来？

我在历史教学中常常有这个警醒：我对真相所知甚少，不可以轻易下评判，更不可以认为轻轻罗列几点涵盖所发生的东西即可。我也有这样的警醒：不可能只是塞给他们一大堆名词术语，无用地堆砌他们的知识，以固有的成见，筑起他们要么徒然自负、要么颓然固守的堡垒。历史教学就要求我们从过去所局限的见识中，无论通过人物、器物还是文献、习俗，去找到一处可以通向孩子未来发展之路，并尽力予以兑现！

本书作者描述了这个可能性。书名的前半部分——"一场穿越时空的探险"，恰是我们应当具有的对孩子历史学习的态度。而如何从历史教学中迎接未来，却是书名的后半部分——"原来孩子可以这样学历史"所展示的。作者认为，"未来导向的历史教学法"或许是解决之道。

何为"未来导向的历史教学法"？作者告诉我们，就是用"人类学"与"征候学"的方法去看待历史与进行历史研究。所谓人类学的方法，在这里就是"回到人本身"。历史塑造了人，反过来，人也塑造了历史。我们必须进入人的历史内在，从人性深处去理解历史，运用人的想象力与判断力。通过这样的工作，让学生们看到，历史发展的规律不是物对人的碾压，而是人类精神的生生不息！这些人类精神，在不同阶段有不同面向，也通过不同发展阶段的人类行为体现出来。像医生一样透过征候抓住背后的病理与本质，这就是"历史征候学"。破解这些历史征候，必须扩展自己惯有的认知与思维模式，用新的方法去观察与感知，要有相应的意识状态才能做到。

这样去尽量找到一些历史的"原型"和演进规律，大大拓宽了教学的视野与域场，联系到当下现实（尽管本书作于上个世纪）去遇见未来，作者认为"未来导向的历史教学法"是行得通的。

一个好的作者，总是通过自己的写作来佐证自己的观点。在本书中，克里斯托夫·林登贝格也实现了、展示了这样的结果——他运用稔熟的西方史学的内容，进行征候分析，指明了未来之路：

……孟德斯鸠，他通过观察英国政治体系的运作形成了自己对未来的观点（即便他的见解并不是在各个方面都正确），由此他提出了非常有限却实用的建议。他所建议的举措不在于修正某种社会状态或树立某种道德规范，而在于纯粹为创造某种社会条件而进行权力分配，这种社会条件能够允许人们做出合理决定，并拥有生而为人的价值。……

当今社会所面临的问题比孟德斯鸠时代的绝对主义要严峻得多……我们首先需要一份对于当今社会显露出的病态征候的准确描述（这里却是无法给出的），其中包括：对公民权利的剥夺；集体不负责的体制；个人和集体行动的后果由全社会承担；对任何问题都以管制或经济手段回应。如果希望未来的行动皆具有合理性，我们就必须为此创造条件，重新建立起责任，让个体再一次承担起自己的行为后果，让社会问题能被自由的先行者解决。要实现这一目标就必须明确限制国家权力范围，从中脱离社会制度并创造社会自由，除此之外别无他法。

非常遗憾的是，本书无论谈论历史事实还是历史教学，都很少触及中国史和中国传统，我想作为西方的作者，这也算正常。但这又是我们中国教师、研究者当仁不让的任务。如何在世界的背景下看待中国的历史？如何找到那些中国史中独有的质素？如何以新的形式与内容回到古典精神中去？如何"重估一切价值"（尼采）与重估人的价值？如何摆脱大叙事而彰显个体生活？我们都任重道远。

2019 夏

序

每一天，我们都在遇见未来，未来就在我们作为家长养育的、作为教师教育的孩子身上。

然而，在这个日益信息化和科技化的时代，我们是否能真实地了解孩子，懂得孩子的需求，从而支持到他们健康的成长？

科技化与网络化让我们的生活更便利、轻松，也创造出各式各样的新的娱乐方式，但也让我们越来越远离大自然与真实，缺失对生命的真实体验。当我们愈加迷失在"虚拟"的世界中，又怎能在柴米油盐点滴生活中清晰感知孩子的需求，并滋养到孩子心灵与生命力的发展？

"儿童的道路"是"人的成长道路"的本质的第一步。人类的出路不是把人更强地和人工智能连接在一起，甚至把人的大脑都和万维网计算机连接在一起，而是让人类的人性变得更强！只有这样，计算机才会成为我们的工具而不是主人。面向未来的教育需从整个宇宙出发去思考和探寻人的本质，去实践和追求人、自然和宇宙的生态平衡，实现"让孩子真正成为他/她自己"的目标。

我们通过恰当地研究鲁道夫·施泰纳给世界带来的那些真知灼见就能明白这一点，那些真知灼见正是这种教育的人类学基础。

华德福教育在德国发展了 100 年，十几年来在中国遍地开花，尤其近几年获得了越来越多家长和老师的认可，在国家教育宣传片及教育指南上也能看见其影子。国内的经典华德福书籍也广受众多家长、老师及教育爱好者的欢迎，不过，还有大量承载着华德福百年教育经验智慧的海外文献，值得我们去学习和探究。

我们特别发起"天使在线'华德福书库'"公益项目，聚焦于华德福与人本教育书籍的翻译与出版，以更好地推动人本教育事业在中国的发展。该项目已经运作了一整年，现在第一批书籍在大家的携手努力下在国内正式出版，包括本书《一场穿越时空的探险：原来孩子可以这样学历史》及《童年密码：从理论到实践，探看华德福教育》和《自我探寻之旅，华德福高中的文学课》。

"历史是任人梳妆打扮的小女孩。"看清历史本相几乎是不可能的，历史教学同样是艰难的任务，因为每个人、每个阶层和社群，都有自己的看法和依据。百年华德福学校根据人智学意识发展设置课程，历史教学在其中占有重头戏份。历史如何被教？如何从独特的标志性传记与历史征候提取出记忆中的事件的线索贯穿历史教学始终？本书给出了从五年级到十二年级的有价值的资源与经验。作者 Christoph Lindenburg 是富有经验的华德福老师和历史学者。

在此，特别感谢美国华德福教育研究中心出版发展部负责人、资深教育家 Patrice Maynard 老师给予的信任，把这个极其有意义的出版工作放心地交给我们；特别感谢中国大陆首位华德福主课老师、成都华德福学校总校长李泽武老师的大力支持，他给了我们极大的信心和力量，并推荐了好些经典书籍；特别感谢"天使在线'华德福书库'"的所有成员（资深译者、校对和志愿者）；特别感谢西南交通大学出版社给予支持，让经典著作得以与中国的朋友们见面……

期待与你们同行，继续为人本教育事业探索与努力！

天使在线

2019 年 5 月 28 日

前　言

这本书是写给实践中的教师以及对历史和教育感兴趣的家长的，当然，主要还是写给在华德福学校进行历史教学的同事，不论是主班老师还是高年级科任老师。我写这本书的目标是将两个方面进行结合——一是适合各个年龄段的历史教学法（基于华德福学校的课程体系），二是以鲁道夫·施泰纳提出的征候法为基础的历史观。对于这种历史观的介绍，可以参考鲁道夫·施泰纳作品集中的《历史征候学》一书，作品集中还有其他相关文献。

这本书并不能算作对于历史教学的最新的专业研讨，这一点在我写的另一本书《教育的条件》中也有所提及。

我由衷感谢所有对这本书的进展给予帮助的人，在这里我仅以一个人的名字来代表所有那些引领我学习历史的人——哥廷根的教授赫尔曼·亨佩尔博士，他对原始素材以及叙事艺术的运用一直是我学习的榜样。我还要感谢华德福学校的同僚们，他们为这本书提出了极具激励意义的建议和问题。最后要特别感谢鲁道夫·施泰纳学术研究基金会，是他们的支持让这本书得以问世。

克里斯托夫·林登贝格

1981 年 7 月，德国弗莱堡

目录

第一章　面向未来的历史 ……………………… 1
  时　间 ………………………………………… 5
  发　展 ………………………………………… 6
  思　想 ………………………………………… 6
  环　境 ………………………………………… 7
  历史观 ………………………………………… 8
  作为人类学的历史学 ………………………… 9

第二章　历史征候学 …………………………… 12
  外部影响 ……………………………………… 14
  历史典型：一种存在形式 …………………… 14
  感知心与理知心 ……………………………… 16
  意识心的发展 ………………………………… 21
  意识心发展在历史中的镜像 ………………… 23

第三章　不同年龄段的历史课 ………………… 35

第四章　根据鲁道夫·施泰纳的课程大纲
    选择五至十二年级的主题 …………… 48

第五章　五年级 ………………………………… 50

第六章　六年级 ………………………………… 62

第七章　七年级 ………………………………… 71

第八章　八年级 ………………………………… 81

第九章　九年级 ································· 95

第十章　十年级历史 ···························· 110
　　接受定居生活 ································ 110
　　城市的建立——古代文明的源初 ········ 114
　　埃及——一个特例 ·························· 120
　　希腊人的生活、海洋与土地 ············· 127

第十一章　十一年级历史的几个方面 · 135
　　三个遗产 ······································ 136
　　中世纪早期——运动和开放 ············· 139
　　13世纪的精神生活以及人民生活 ······· 146

第十二章　十二年级 ···························· 148

译后记 ·· 162

第一章　面向未来的历史

每一天，我们都在遇见未来，未来就在我们作为家长养育的、作为教师教育的孩子身上。我们知道，现在坐在我们面前学习数学或历史的这些 14 岁的孩子，到 20 世纪末将是 33 岁。到那时他们所生活的世界是今天的我们几乎无法想象的，但直觉告诉我们，那时推动世界发展的问题和任务也将与今天的焦点迥然不同。

历史老师希望传授给年轻一代的不仅仅是有趣的事实，而是在未来仍可能具有重要意义的人类经验。过去几十年间，历史学家勤勉而详尽地阐述了许多历史主题，如联邦德国（西德）、纳粹德国、魏玛共和国的历史沿革，然而不久之后，这些主题将仅能引起专业人士的关注，这一点从这些历史事件在今天受重视的程度就能看得出来，没有什么比眼下发生的事件被遗忘得更快了。

一个带着想象工作的历史老师将可以预知：在他为未来而进行的教学中，某些主题的意义将愈发重要。因此，他将试着选择与这些主题相关的授课内容，他将努力把自己旧的知识重塑为新的形式，让它在 2010 年面对那些已经长大成人的学生时仍然有其意义。毫无疑问，有一个主题到了 21 世纪也仍值得讨论，那就是人与自然的关系。今天，人们已经开始关注生态问题和环境问题。实际上，我们的社会问题以及我们与海洋、森林、土地、空气之间的关系所引发的问题将会成为 2000 年的热点，而这个热点也自然有它的历史成因。如果今天我们仍将奥斯威辛铭记于心，到 2000 年时，我们也将如此铭记北海问题[①]，并自问怎么会发生这

[①] 译者注：此处应该指的是 1969 年北海大陆架案，这是 20 世纪 60 年代有关海洋争端的著名跨国案例。

样的问题。另一个热点主题将是人与科技的关系。这不仅关系到我们如何运用科技，还关系到科技如何反过来影响整个社会和每一个人。除了这两个之外，还有第三个主题——人类如何在保证内心健康的条件下共存亡？在这方面我们可以预见一个怎样的未来？这里有些危险已然显而易见，比如人们发明出的各类监视及操控人类行为的电子仪器。

然而从这样的角度来理解未来也仅仅是片面的，与日益临近的危机和毫不乐观的预测正相反的便是人的意志，这也包括我们的学生的意志。当14、15岁的孩子开始认识到当下正威胁着人类与自然的危险，他们便会自发地询问：为了每个人及全人类的未来，我能做些什么？为了关怀和保护大自然，我能做些什么？一个着眼于未来的老师将和这些学生一同去探索在今天已经可以预见的前景和任务。人类需要以新的观念看待过去滥用自然资源所导致的灾难，这种观念应该能让我们建立起与我们赖以生存的自然相互滋养的关系。事实上，那些灾难本身也为我们指引着道路。同时，当今社会的疾病情况也能向我们揭示社会上的人文和民主发展情况，整体调控、监管和社会福利剥夺了人的主动权，使人们生了病。社会网络的内在联系有待考察，不过这里有尚未解决的问题和主动行动的空间，国家广泛限制其自身的职能范围并给予公民发挥个体责任的机会，这一切激励我们携手合作，不再做隐姓埋名之辈——这些都是能激发学生和老师兴趣的事情。

当然，这种未来导向的历史教学法并不能预知未来或教会我们如何应对未来，但教师应当以发展学生的想象力和判断力为目标去阐述前人的经验。有了这样的基础，他们将有能力从人性、自由和博爱的角度理解并判断未来的历史发展。

只有考虑过这些问题之后，历史老师才能问："我应该教什么？我想要教什么？"历史和数学（或其他自然科学）的区别也不容忽视。作为一个数学老师，只要我曾很好地学习过这门学科，便随时可以参考过去学过的知识，并尽可能更有效地、更贴近它的精神现实去教学。基于对历史的想象力和对人的理解力的认识，我将力求越来越深入地理解算术和数学运算。实质上，数学在过去的世世代代一直是它本来的样子，在未来也仍将如此，历史则不尽然。历史必须为每一代人重写和修订它的重点部分——尤其是近代史——无论是大学入学考试还是教师的培训学习，这都是最受关注的话题。和在其他任何领域一样，在历史学中我们也倾向于去教那些自己已经学得很好的内容，因为那是我们已知的。我们自己的历史老师就是这么教的，这就是为什么高考还在考俾斯麦。那些四五十岁的老师现在仍倾向于详解布吕宁紧急法令、授权法案或波茨坦会议。这些事件当然对历史进程有着深远的影响，事实上它们在当时的确发挥了重要的作用，但到了 2010 年，当我们的学生已经成为 40 多岁的成年人，每天忙碌于自己的生活，这些历史事件也就只能再引起一点点他们的好奇而已，就像修改埃姆斯密电之于今天的历史意义一样。

在尝试为历史课选择有意义的主题时，应该设法理解历史的任务是什么。我们可以从历史学是对人的学习这一前提开始——人类学。不同于人种学，历史人类学向我们展示的是人和人性作为一个整体的发展和成长，也就是说，当我们看向历史进程中形成的历史活动和历史形态的时候，我们会开始看到"人的内在"有什么。因此，研究历史即意味着收集人类的主动和被动经验。把历史学作为人类学来看待可以在一定程度上开阔教师的视野，令他关注到是什么显示出了征候和特性，是什么推动了历史的发展。哪些生活方式、社会活动和形态对应着人类生存境况的变数、磨难或进步？历史是如何塑造或挑战人类，人类又是如何塑造历史的？这些是一位历史老师应该问的问题。

与社会学、人类学和伦理学不同，历史学和历史教学可以用个体人物来例证或概括具有某种特征的人类经验。举例来说，民族大迁徙对罗马帝国的影响就可以在奥古斯丁这个人物的身上有所体现。同样地，古腾堡让人们看到中世纪晚期一个小镇上的发明家的命运，罗伯特·欧文则代表了多数社会改革家的命运。以这种方式，我们将超越空泛的概述，开始发展出由赖特·米尔斯提出的——我个人称之为——社会和历史想象（social and historical imagination），这种想象能让人通过个体人物的命运形象地捕捉到社会进程的意义。诸如"民族大迁徙""社会悲剧""失业"等措辞会被具体的形象取代，让我们能够联想到人类的经验和痛苦，以及历史和社会的斗争。

社会和历史想象会成为判断力的基础，这不仅仅是对过去的判断，如果把它培养成一个习惯，我们便有可能想象当今人类的命运，并切实地去思考未来。这是因为它不是什么普世的准则，经过了历史的训练，它已经学会去观察崇高的原则——比如理性和平等——是如何作用于个体和社会的。社会和历史想象的对象是人——人的内在有什么，人被什么激励，因此做了什么。它观察社会发展力量的萌芽状态，也观察这股力量是如何控制社会现实的。我们需要的是一种垄断真理的独一理论，还是一群努力让世界更宜居的人？由此我们便能明白，人类学方法注重的不是原则，而是通过想象去尝试，去学会看到社会现实，这是人们今天普遍缺乏的能力。

人类学方法的进一步影响是，历史教学将没有必要再着重于那些仅仅出于习惯而世代相传的事实罗列和细节赘述。我们教给孩子的内容应该是具有普遍人性意义的，而不是那些连专业人士也很难记住、学生很快就会忘记的东西，教授这些东西毫无意义。那么在教学中，什么才能给学生带来长远的影响呢？应该是那些能伴随他们一起成长，能让他们更加了解自己，能让他们换一个角度看待世界，并且没那么容易在课堂上完成、需要自己带着谜题和疑问去寻找答案的内容。

在人类学导向的历史教学法中有几大要素，从长远来看，它们能激发出历史的想象力和人的理解力，下面我们就简单介绍一下这几大要素。

时　间

首要的建议是开阔学生的视野。尤其是那些年纪较小的学生，他们或许会认为世界在任何时候、任何地方都是他们所熟知的这个样子。可是通过历史学习，他们会了解到完全不同的人和生活环境，那些历史意义上的遥远文化能让他们感受到时间的意义。那么，首先，历史课上就必须营造出这种古老文化的久远感，而学生只有通过直观体验才能深刻体会到时间的距离。这些孩子的父母出生时，我们的城市还很小，根本没有摩天大楼；他们的祖父母出生时，人们看到汽车时会跟着跑起来，飞机是根本不存在的东西；他们的曾祖父母出生在第一次世界大战之前，那时还没有电灯，自来水也极其少见；他们的曾曾祖父母则见证了最早的铁路和工厂的修建。这样对五代人的回溯，让我们看到了世界的面貌在 150 年间发生了剧变。如果全班 33 个同学站成一排，每个人代表一代人，我们就能回溯到 1000 年前，那时德国的大部分土地还被森林覆盖，几乎没有城镇，根本没有公路，只有寥寥无几的由几座石头建成的教堂。通过这样的方式，学生便开始理解时间和文化的距离。等我们之后讲到埃及金字塔的修建时间，就能够让"4500 年前"生动起来。同时，我们也为讲授远古时期人们截然不同的观察、体验和感受方式奠定了基础。

这些和现代又有什么关系呢？表面上看，现代人包括了所有生活在 20 世纪的人。然而也正是在这个时代，以新几内亚为例，还是有生活在石器时代的人，他们在文化上和智力上都和我们相差了几千年；即便在科技文化已经传播到的地方，比如日本和中国，人们的思维和情感模式也与我们截然不同；某个古代文化的现存者现在仍生活在印度。每一种古代文化都有它自己的价值，而我们在时间视野上的开阔，也为理解同时代的其他文化打好了基础。换句话说，我们也在帮助学生理解现在——只有在历史的映衬下，当今时代的特质才愈发清晰。因此在不同的年龄段，我们都要用不同的思维、行动和生活方式，不断地为过去的历史时代赋予生命。这也再一次表明，未来的生活和思维将是不同的，通过正确理解历史，我们才可以想象——未来不是过去的重复，而是万象的更新。

发　展

20世纪显然是一个加速发展的时代，历史的步伐正在加快。相对而言，史前时期的发展则是缓慢的，而古代高等文明的本质特征也几乎持续了几千年而不曾改变。直到古希腊、古罗马、中世纪时期，我们才看到真正意义上的发展。而到了今天，人类则在有意识地推动发展，这就是为什么在"时间"之后，我们有必要将"发展"作为第二大要素去理解。

有一些简单的例子可以帮助我们进一步理解现状。现代科技是从以实验为导向的自然科学发展而来，我们能理解成功的实验结果如何发展成了一台机器或一个技术流程，这种发展如何促成了一座工厂的建立，工厂又如何改变了人类的生活环境。某种思维和研究方式发展出了一个机制，这个机制转而影响了社会环境。由此我们可以看出，发展的过程需要历经不间断的时期和领域，但只有当它最终到达社会生活层面时，我们才能认识到它起源于哪里。如果我们沿着发展的源头追溯至它的社会影响，就能形成激发社会想象的思想，在这种思想的激励下，一个富有想象力的人就会走出其最初的研究范围，去研究其他领域的发展。

思　想

正如一个人一定要理解发展一样，他也一定要力求公正地评价历史进程中孕育出的重要思想。有些思想会潜移默化地进入人的思考，改变人们看待事物的态度和方式。思想往往是令人着迷和信服的，思想也需要被付诸实践和行动。思想的直接执行可能会引发莫名的不幸，而只有在不幸当中我们才开始看到孕育出这种思想的精神所在,以及这种精神是如何体现在人的身上的,因此并非每种思想都能掩饰它的本来面目。

这里做个简单的对比可以帮助我们理解。有些思想是由它的提出者付诸实践的,他们或许在实践的同时也赌上了自己的命运。这里我想到的是罗伯特·欧文、裴斯泰洛齐、亨利·杜南,他们身体力行地将思想转化为具体的举措。他们的努力也许会失败,但思想的初衷却不会消逝。事实证明,这种改革的有益影响往往能够持续多年。但如果新的思想是由上层直接提出的,尤其是某个政权在施加压力甚至实行恐怖主义的时候,情况就大相径庭了。极少数有意义的改革是由上层直接提出的,而仅有的几个也没能具体实施——这些改革以自由之名将奴隶解放为自治公民,然而这并不是对于上层思想的实施,而是统治阶级撤回了其强加于人的意志的结果。

环　境

如果把目光放在生命的外在环境上,我们的注意力就会被吸引到另一个方向——环境、条件以及进行人类活动的建筑。对于法国和法国历史来说,巴黎成为自然和历史的中心意味着什么呢?俄罗斯幅员辽阔,却坐守西伯利亚这片荒凉之境,这又意味着什么?坐落于地中海盆地对于罗马来说又意味着什么?举例来说,荷兰这片土地就要求其第一批居民尽最大努力修建堤坝或其他设施,以保护土地的安全和干燥;同时,荷兰在北海的地理位置也开启了全球航海和贸易的可能性。荷兰人的自信来自他们自身的成就,而对世界的通晓以及与不同民族的往来赋予了他们切合实际的宽容。因此我们看到了这样一种共和形式:它有着共和的制度,有着自身的文化,也有着属于这个时代的科学。

如果我们去考量与其相反的极权专政的情形,则会看到非常不同的人类活动状态。但不论是自然条件还是社会条件，都是我们必须面对的，这两者也都能让学生发展出对现实的想象。这是一个明显的矛盾：理解现实能让人发展出灵活的想象，而发展出这种想象力的目的却是去面对更加复杂的现实。我们要一并考虑外在环境以及人类活动都能带来些什么，在今天的社会条件和环境问题之下，对待人类活动所需要的不是普遍的原则，而是丰富的想象。

历史观

形成西方历史的主要力量是几个特定社会的历史观，通过这些历史观，人类在时间中找到了方向，人类理解了自己，也理解了自己的任务。中世纪的特征是由基督教的历史观，尤其是奥古斯丁的历史观决定的。因此，统治者和骑士、主教和僧侣都将为上帝之城效力视为己任。人文主义认为其理想状态存在于古典时代，并以此长期影响着当时的教育。宗教改革认为其任务就是将基督教义复原如初。这些历史观都为生命的完整赋予了方向和目标。

到了近代，除了上述历史观，对历史的政治化、世俗化解读也有了明显的发展。英国资产阶级革命将矛头直指王权的本源乃至《大宪章》，并用议会对自由的追求来解释历史传统，以此作为革命的合理依据。启蒙运动将历史视为世界和人的内在进程，将那一时期视为光明、觉醒的时代，认为人类将在这个时代苏醒过来。而法国大革命则认为自己是这些思想的执行者，法兰西共和历的采用即标志着革命的开始。

现代人无法避免在历史的幕布和未来的舞台之间看到自己的存在，而历史也帮助我们认识到任何形式的千禧年主义都暗藏危险。历史知道每个社会都要经历发展和嬗变，历史明白社会问题没有完美的解决，只有可行的方法。如此理解，我们便不会摒弃人性的最高理想，即将自由与和睦共存作为未来的目标；我们会停止预言，并带着怀疑看待乌托邦理论。我们要明白，未来是无法被规划或制造出来的，况且我们已经知道，任何直接实行上层思想或理想的尝试只能导致独裁专制，进而歪曲理想本身，因此我们要反思通往未来的种种路径。

这一点我们可以学习孟德斯鸠，他通过观察英国政治体系的运作形成了自己对未来的观点（即便他的见解并不是在各个方面都正确），由此他提出了非常有限却实用的建议。他所建议的举措不在于修正某种社会状态或树立某种道德规范，而在于纯粹为创造某种社会条件而进行权力分配。这种社会条件能够允许人们做出合理决定，并拥有生而为人的价值。孟德斯鸠时代的主要问题就在于：如何打破君主的绝对权力，并用一种允许集体决策的机制取而代之。

当今社会所面临的问题比孟德斯鸠时代的绝对主义要严峻得多，如果我们希望为更有人性的未来而努力——如今关系到未来的问题已经不容我们再置若罔闻——就必须借鉴孟德斯鸠的做法。我们必须要问：如何为更加合理的行动创造合适的条件？可以肯定的是，我们首先需要一份对于当今社会显露出的病态征候的准确描述（这里却是无法给出的），其中包括：对公民权利的剥夺；集体不负责的体制；个人和集体行动的后果由全社会承担；对任何问题都以管制或经济手段回应。如果希望未来的行动皆具有合理性，我们就必须为此创造条件，重新建立起责任，让个体再一次承担起自己的行为后果，让社会问题能被自由的先行者解决。要实现这一目标就必须明确限制国家权力范围，从中脱离社会制度并创造社会自由，除此之外别无他法。

作为人类学的历史学

历史并不能直接给出塑造未来以及调整我们未来观的建议或指引，

但如果把历史当作人类学来理解，就能间接地为判断做好铺垫。如果我们坚持将历史理解为人类内在的一种呈现，因而在历史发展进程中看到人类的演化，那么我们就能了解今天人类生活的问题和需求。首先要明白的是，人类是历史的存在，不同于大自然的其他生物，人类和人性存在于历史中，并经由历史而发生改变和演化。

为了更清楚地理解这一点，我们需要做的是将不同的历史形态和历史事件看作人类逐渐演化的体现。该演化的一个方面是自由发展史，首先人类从自然中解放，然后有了自由的思想，最终在知识的基础上发展出自由的行动；另一个方面是社会形态发展史，从古老东方的神权制，到古典时代的城邦制（那时公民的自由依赖于奴隶的劳动），再到当今社会将不同种族和阶层的人联系在一起的劳动分工、全球贸易和通信交流。

在上述发展过程中既隐秘又活跃的是心魂和灵性的发展，这种发展在艺术与哲学、政治与经济中均可见一斑：文艺复兴时期的艺术反映出人类的自我觉知的发展，近代政治斗争显示出对个人及其权利的日益关注，20世纪的文学作品描绘出更加复杂的个人品格，而科技发展则预示着个人能力范围的拓宽。更多的自由、更多的权利、更多的联系和关系、更大的内在复杂性和影响范围，这一切造就了当今人类所面临的极其艰难的处境。人类在历史中发展，这一背景绝不容忽视，因为未来我们要面对的，正是处于当下的人及其全部需求和能力。

时间、发展、环境和建筑、历史观……通过我提到的这些要素，可以逐渐形成一种历史领悟和社会想象。而且，这些要素还展现了社会和历史生活的多种层面，让我们关注到不同历史时期的重要现象。以近代史的开端为例，我们看到的是文艺复兴和宗教改革、科学发展和人文主义、航海大发现和社会剧变，这些现象均能带给我们新的观察、思考和行动的方式。而人性的迥异也显露于种种征候之中，这些迥异在表面看来甚至是自相矛盾的。

历史人类学所追求的是更深层地理解驱使人类行动的动机或冲动，

其关注的中心始终要求我们在对待历史事实时就像对待任何人一样，要看到其道理、意义和内在姿态。理解历史需要看到历史事件的征候，单纯重现和列举史实是远远不够的。从教学法的角度来说，对事实的平铺直叙也毫无意义。过去发生过的事件不会重复发生，也不会产生适用于现今生活的实用准则。换句话说，深思人类学并进行相关理解和实践才具有实际意义，因为它让人了解人类内在。这种历史学习法将历史征候学作为目标，下一章我们将对其基础进行阐述。

第二章　历史征候学

历史征候学这个概念是由鲁道夫·施泰纳提出的，他使用这一术语是为了强调研究自然科学和洞察历史发展之间的本质区别。这种研究历史的方法早在1886年就已经出现在施泰纳的《歌德世界观的认识论原理》[①]中，不过那时还没有用到征候学这个词。施泰纳延续了歌德的思想，指出在试图理解物质领域的现象时，人们的思考是以在现象世界中寻找它的外显特征为切入点的。这种认知法以经验为基础，将较为复杂的现象化繁为简，从而辨明它的基本特征。歌德则将最简化的现象称为原型现象，而研究者对有机领域的探索则涉及生命的形式——类型。为了研究某种生命类型，首先要从它的生活习性和所处的自然环境出发，去理解其整体类型以及各部分的机能，其次在它的不同形式（例如：卵、虫、蝶）之间找出类型的嬗变。因此，有机领域的知识也同样需要从事物的现象中获得。

然而想要深入了解人的内在世界或者历史却是另一回事了。举个简单的例子：我们在阅读时一般不会留意到字母或它们的形状，而是透过字词和句子去理解它们的意思，而作者想要表达的意思也通常不是在听觉和视觉的层面被理解的。我们通过激活自己内在的经验、心象和思想去理解句子的含义，但这绝非意味着语言的现象（即字、词、音）在这一过程中并不重要。我们的内在世界必须全然和这些现象相遇，才有可能完全理解它们，否则，我们对句子的理解便是不甚理想的。因此，字、词和所有的人类表达都在明确地驱使我们激活和运用自己的内在世界。

---

① *Grundlinien einer Erkenntnistheorie der Geotheschen Weltanschauung.*

这个关于阅读的比较在其他方面也颇具启发意义。有些文本是由我们看不懂的文字书写而成的，因此我们能做的只是去描述那些字符的形状。研究者在面对许多史前遗迹时都会遇到同样的情况，比如面对马丘比丘遗迹、卡尔纳克神庙或者复活节岛石像，研究者知道这些"文字"当中的"字符"皆是出自人类之手，且必有其意义所在，却丝毫无法理解这些语言。在更高层次的理解上，我们可以成功破译文字，但仍然无法理解其语言的意思，于是我们试着去猜想语言背后的意义。我们会问："这篇文本的主旨是什么呢？它是神圣的经文还是对某些事物的记录？"对巨石阵和金字塔的解密就尝试了这种方法，我们可以建立起一些论据充分的假设，但即便破译了其中的词语，也仍旧难以理解整篇文本的含义。如果将理解上升到第三个层次，便可以破解和翻译文本了，比如古埃及的《亡灵书》。但即便如此，一位审慎的研究人员还是会明白，自己并没有理解它更深层的意义。他只是理解了一些字词和句子，却对它们所指代的那个世界知之甚少。这就好比一个毫无化学背景知识的人去翻译一篇生产新型合成材料的技术文本，由于他对这门学科一无所知，他的译文很可能是不准确的。由此可见，理解一篇文本既要求我们能够破译它的文字和语言，还要求我们对相关的主题内容有所了解。面对一篇远古时期的文本也是一样，事实上，这种对主题的了解往往才是至关重要的，只有这样，我们才有足够的信心翻译出一篇文本的文字和含义。

　　不同于现代科学，历史文献所呈现的主题、含义或现象并不是当今的专业人士轻易就能解释清楚的。历史摆在我们面前的是难以彻底解释的外来内容、观点和行为，比如今天的我们就很难对19世纪的荣誉感有深刻体会。而中世纪真正的宗教生活，以及当时许多难以置信的事实和悔罪苦修的僧侣，也并没有真正被理解，就被简单地贬损为迷信。至于金字塔和巨石阵的修建，其背后的认知和思想对我们来说则更是谜一般的存在。而我们愈是严谨认真地研究古代文化遗产，这些谜题就愈发难以解答，因为事实本来就不存在简单粗略的解释。

因此，历史学家面对的是一个尚不够明确的任务。如果想真正理解古代文化，而不是去"巧言解释"，他们就必须扩展自己惯有的思维和认知模式，必须用新的方式去观察和感知。在历史进程中显然也发生着意识的转变，而历史学家只有先扩展自己的意识，才能公正地看待历史。这种意识的扩展无法通过控制实验法（比如药物）来完成，只能经由深化我们内在体验的"意识教育"而实现。

外部影响

如果在一定程度上去重现历史，我们便会注意到，事件、现象和条件有许多种类型。有些事件本身虽是自然现象，却具有重要的历史意义。这里举三个例子。① 一场大洪水淹没了大面积旱地并迫使当地居民撤离，也许正是这样一个事件引起了辛布里人和条顿人的迁徙。② 流经某贸易中心的河流被淤泥阻塞，而当时又缺乏河道疏通技术，这个贸易中心便因此失去了它的重要地位，就像曾经布鲁日的情况一样。③ 某种疾病传播到一个国家后开始大规模传染，导致无数人死亡。1347 年爆发的瘟疫便是如此，它在数十年间席卷了整个欧洲。瘟疫导致人口骤减，并在当时的人们心中留下了深刻的印记。在这些例子中，历史事件的源起实际上是自然因素，但从人类受到的影响来看，自然因素一旦进入历史就变成了另一回事。自然事件在人们对待生命的态度上引发了某些行动和改变，而它们在进入历史事件的范畴之后便不再遵循自然法则了——它们变成了人类亲身经历的、有意义的行为和苦难，存在于人类意识当中。

历史典型：一种存在形式

人类的生存方式在历史进程中经历了巨大的转变，这些转变本身作为最重要的征候，显示出了一些典型。人类定居生活——群居生活的一种特殊类型——让村落开始形成，高等文明建立了城镇，工业革命催生了工厂。这些现象本身即有其恒定的法则：既变化无常，也格外明确，在无限的嬗变中清晰可辨。此外，它们也是某些特殊心性的征候。历史典型的一个例子是重建于中世纪欧洲的城镇，这些城镇本身无疑就是征候，它们的重建则带来了一种独特的形式——中世纪城镇。尽管存在着个体和区域差异，其中的典型仍然是易于辨认的，因为有相似的内部结构和外部体现。这种典型结构在中世纪历史中数不胜数：村庄、修道院、骑士风格的城堡、中世纪的大学。它们的存在形式已经成为历史，但它们每一次出现和其间的发展阶段都可以被看作一种征候，一种历史冲动的表达。不论是存在形式还是典型，都具有相当的稳定性。

理解这些征候有两种途径。第一种，当情形本身清晰可辨时，其原初的冲动便有迹可循了。谈到修道院，由圣本尼迪克创建的本笃会便是一个很好的例子，其根本的冲动体现在它的会规上，尤其是在"祈祷与劳动"这一原则上。该原则将当时脱离世俗的隐修制度与身体劳动相结合，自此形成了一种明确、持久的*存在形式*，不过修道院的建立当然也开辟了一个远离世俗的空间。后来各地的本笃会修道院发展为文化的中心，承担起世俗和精神的任务，奠定了西欧文化的基础。由此便可以看出，冲动的重要性和前瞻性是显而易见的。这些修道院的建筑、书房、花园和医院，于乱世中开辟出和平的岛屿，让精神的实现成为可能。

第二种理解这些征候的途径是追溯其存在形式的发展。以修道文化为例，我们会发现它通过吸纳新的冲动不断地获得新生，比如克吕尼和熙笃的改革，中世纪的城镇也与之颇为相似。

感知心与理知心

看待人的心魂生命可以有不同的角度，其中之一便是追溯心魂生命中独立性和内在性的出现。当然，这并不意味着心魂是一步一步"搭建"起来的，心魂生命始终是一个整体，整个心魂也一直活在其中，只不过心魂是逐渐、缓慢地意识到其自身作用的。从这个角度来说，人拥有独立心魂生命的第一阶段就是形成自己的心象（mental image）——能够由心魂记住并再次想起的心象。这里所说的心象不是普遍意义上的，而是属于一个人自己的。到了第二阶段，心象中蕴含的概念就会出现，这些概念根据各自的思想内容互相建立连接，心魂在这个阶段开始一个抽象的过程，将自己从心象中解放出来。最终在第三阶段，心魂才认识到自己就是其思想的创造者。自此，心魂才开始有意识地、独立地从内在塑造这些思想，将它们付诸实践，并遵从这种自创思想对自己的引领。

鲁道夫·施泰纳便是从这个角度看待心魂生命的，并在《神智学与奥秘科学》中对这三个阶段做出了如下描述：在通往独立的第一阶段，心魂仍由心象感知到的内容引领，他将这时的心魂称为感知心；第二阶段，心象生成了思想，思考引出了概念，他称其为理知心；到了第三阶段，心魂已经能够有意识地主导其自身活动了，他便称之为意识心。

探看历史，如果想要研究相应的文明发展阶段，首先就要观察我们自己的心魂发展阶段。通过追溯心象的形成，我们会发现它分为两种：一种是从外在形成的心象——现象会给我们留下印象，让我们体验寒冷和下雨、刮风和太阳、田野和树林，让我们学会用语言为事物或过程命名——熊、小溪和树木；第二种心象的形成除了命名之外，还融入了我们的活动——比起只是见过铁锹和斧子的人，在园艺劳动中使用过它们的人对它们会有更多的认识，只有那些制作过桌子或者陶土罐的人才真正知道什么是桌子和陶土罐。我们越是通过实践和行动与事物建立连接，就越是能形成清晰的心象。同样地，如果要参照一个物体造型或者绘画，我们至少要将物体的形态结合到活动中来，才能让自己的心象更加具体和丰富。然而，如果只是给事物命名或是停留在现象中，心象就很难变得具体，它也就无法真正成为我们自己的心象。基于自身活动的具体心象总会伴随着我们对某事或某物的感受，这是一种对事物运作方式的直觉性认知。

于外在产生的心象只能用来命名，本质上，它所体验的是事物造成的结果——我们感受到寒冷或温暖，感知到味道；我们因为这世界而开心或不开心；我们被一些现象吸引，被另一些现象排斥。在这个层面上，我们对事物的认知来自对它们的直接体验。事实上，由于我们还没有足够的内在空间可以躲藏，可以创造自己的心象，因此对外在印象的体验就格外强烈。而基于自身活动所创造出的心象则是可以存留在记忆当中的，即便其对象不在这里，心象仍然存在。有了这种心象，我们就可以形成对世界的整体认知，借由行动中带着目的和生机的人物构想出一个世界的模型。也可以说，诸神任由自己的意愿创造了世界，那么对照着这个来自世界的印象，我们则创造了属于自己的心象和图景，以此来肯定自己的存在。

历史上，这种真正属于"自己"的心象从古代文明就开始萌发了。古代文明的一个显著特征就是建立城镇——一个远离自然、人类活动丰富的区域。城外，土地灌溉井然有序，人们开凿运河、修堤筑坝；城内，则出现了各种手工业劳动者：铁匠、车匠、织布工、石匠、磨坊工，等等。石头被人打磨光滑，雕像和画作出自艺术家之手。最重要的是，象形文字把该记录的都记录了下来。古埃及便是一个这样的文明，而且，对于埃及人的具体心象，我们有切实可见的证据——在墓穴和庙宇中发现的无数画作和雕像都生动直观地呈现出当时人们生活的方方面面。另外，象形文字虽然被用作语言符号，但它也代表了一个内在的图景世界。许多图画中还呈现了神的形象，这些形象一经完成便世世代代流传下来，其精确程度已然证明，这就是整个文化的心象。形象和原型一旦形成，便会一成不变地保存下来：法老的形象、邦国的形象、神的形象、来世的形象……这一切皆历经千年而不曾改变。

这种恒定性也是由于在那个时代，匠人和农夫、工人和祭司的工作都是如法炮制、世代相传的。于是世界的面貌就通过许多个体的劳作为人们所知晓，在某些方面，它就存留在形象之中，比如人的形态就在木乃伊中被保存了下来。然而在当时，概念还没有形成，人们只知道水是从尼罗河来的，于是世上各处的水皆是"来自天上的尼罗河水，它让山峦如海洋一般波浪起伏，它还落入田野滋润了土地"。与尼罗河的流向正相反，自北向南的底格里斯河和幼发拉底河则是"流到下游的水又环绕回了上游"。世界的图景来自现象，但当这些图景形成智力性征时，也仅停留在了现象层面。

若想知道心魂生命是如何从智力性征发展到理性的，我们只需要将行为从具体、传统的形式上脱离出来，去看看它们的作用。这样，行为便可以被看作与意愿、目的和决心相关的，一个引发、形成或阻碍的过程，而行为的具体形式只是达成目标的途径。那么我们便可以想象，教育和统治都可以由不同途径达成；针对同样的事物，也可以有不同的认知方式：水可以是冰、是蒸汽，或是液体。只有这种认知成为可能，我们才有可能探讨行为的恰当形式——讨论、比较和设想各种可行的选择，到这里便出现了思想的世界。在自然界，我们了解的不仅是事物表面，还包括创造、生长、繁殖的原理和条件，以及种类、共性和差异。我们学习从可见的推断出不可见的——既然万物皆自然，我们便能推断出造物之根本。而此种推理和论证背后的规律即可化为定律，由此便产生了逻辑。

当心智达到如此程度的自由，我们便不再受限于传统方式，开始思考对事物进行描述和表达的其他可能。我们从内心设想一个主题开始，尝试为它赋予各种不同的新形式，于是便越来越熟悉那股创造的力量，自然也就知道，比起被创造出来的东西，那股力量本身是更重要的。任何人——只要有能力感知到人类活动的创造力量、表达和构想——都会好奇世界是由什么在创造，也就都有可能获悉万事万物的本质是什么，以及这本质是如何以符号等形式表达出来的。然而在这个发展层面，行为的最高目标和宗旨仍是既定的，是必然的存在。就像单纯的工匠认为他的工作全靠着自然的定律，思想家认为自己是用思考领悟着自然规律，普通人则将最高目标和宗旨视为神谕，或是由人性本质所决定。诚然，人可以对某些宗旨存疑，怀疑主义可以存在，但即便有怀疑和分歧的出现，人们基本上还是相信宇宙规律的客观正确性、道德伦理的客观正确性以及神的客观存在。

历史上，心魂发展的这一阶段在希腊人、罗马人、犹太人和中世纪的人们身上皆有体现。当泰勒斯声称水是世界的基本元素时，他已经研究了各种状态下的水。当赫拉克利特认识到世人皆用语言沟通交流、认清自我，并将其作为行为依据的时候，他便领悟了思考之于语言的地位。梭伦仔细思考了律法，他起草的雅典宪法在合理规划方面为后人留下了一个意义非凡的范例——法律是为了满足城邦需求而审慎制定的。90年后，克里斯提尼为了让法律适应新的需求，再次对其进行改革。值得注意的是，雅典人信任这种获得了共识的法规，比起被某个人统治，他们更愿意被法律统治。他们信赖理性的成就，在艺术中也是如此，重要的不是保持那些屡试不爽的概念，而是不断尝试创新。埃斯库罗斯、索福克勒斯和欧里庇得斯笔下的古代传说各具新颖独特的形式。雕塑艺术方面，人的形象也有所改变，这些艺术作品——以帕特农神庙为例——往往揭示了某种理性的意义、某种思想，或者至少是某种创新。

有了这种推理的文化，再经过一段时间的沉淀，民主议事和学校便开始公开培养理性思维了，亚里士多德的思想也包括推理原则和逻辑思维。这些事实都表明，生命形式和思想是一致的，二者都符合推理原则。同时，这种文化中的人对于二者也自然有着不可置否的价值认同和内在尊敬。人们敬畏神谕和奥秘，也广泛遵守来自德尔斐和其他地方的教诲。

重要的是，他们还受到了苏格拉底这个好问的思想家的关切，而苏格拉底其人也将人的推理能力发展到了极致。

在罗马文化中，推理开始应用到社会领域，法律和法律程序的重要性也获得了认可。希腊人将逻辑学发扬光大，罗马人则发展出对律法和政治程序的意识，于是向学校里的孩子机械地灌输法律知识便成了理所当然的事情。不过重要的是，罗马文明开始让智力服务于实际事务：道路、沟渠、热水浴、庞大的排水系统、有地暖的房屋等工程都让生活更加舒适；当时还出现了帝国邮政服务、食品保藏业，以及许多格外需要思考和计划的事业。希腊人的智慧主要用来直接研究宇宙事件和普遍社会进程，罗马人的智慧则应用到了实际、具体的事情上。在罗马，个体公民的主体权利、坚固耐用的建筑、商业贸易都有了大规模发展。而在此之后的宗教律法，则彰显出了犹太人的智慧。

中世纪时期，理性知识以最为异乎寻常的方式回到历史舞台，古典时代的著作者也再一次为人们所熟知。古典时代的全部思想以基督教之名被重新考量，经过筛选、排序，最终形成了一套可以说是事无巨细、悉究本末的系统。不论任何问题，都有一套收集自所有已知古代哲学、圣经、教会神父甚至地方议会的决议来解答。经过分辨和筛选，这些解答要么被采纳或摒弃，要么被重新解读。于是，对所有重要问题进行过仔细斟酌之后，一种新的世界思想观从旧思想中应运而生。这个过程的重要性在于，思想发展到这一阶段，已经不再如从前一样是单纯地源于自然，而是开始建立在前人的思想之上。思想的真实性也不再交由自然来检验，而是由基督教义来判断。思想领域就这样增加了一个历史的维度——每种思想皆有其历史和出处、盟友和仇敌；它的秩序准则也转向了内在——思想不再以自然现象为本源，就连真理，也由基督教所传承的灵性启示来判定。

中世纪的社会生活也经历了不同阶段的发展。起初的文化形式在许多方面仍处在发展的初期，然而文化的同化和社会生活的发展都受到了某些历史思想的影响，于是复兴罗马帝国的欲望开始萌生：德国皇帝的称谓"凯撒"（Kaiser）就源自恺撒大帝（Caesar）；星期制来自犹太基督教地区；对圣本笃绝对信奉的隐修制度则可以追溯至古典时代晚期的生活方式。中世纪的宗教战争将基督教思想表露无遗；教会律法明显借鉴了罗马的法律传统；这种思想传承最为深刻的体现则在于哥特式教堂的构思——从平面布局到屋顶结构，从采光设计到立柱造型，无一不充斥着其固有的思想和寓意。

意识心的发展

在形成心象的过程中，感知心仍然是完全由感官印象带来的外部刺激所支配，它忽略自身活动，将外部对象作为唯一的决定因素。理知心也同样是由外部引导的，在观察和心象的刺激下，它相信自身的思想是提取自外部对象的，而思想的真实性则取决于它是否符合客观事实。直到意识心开始发展，新的洞察才逐渐萌生：是我们自身的活动、我们自身观察和倾听的方式、我们自身的思想决定了我们对事物作何理解；是我们对事物的处理、与事物的关系引出了它们的某种特性，这些特性随即又被我们带入思考。将注意力如此颠覆性地放在个人活动上，这可以说是真正意义上的哥白尼式革命。这样一来，外在世界的意义就完全不同了。当然，这种新的意识在我们内在的发展是极为缓慢的，尤其是在另外两种心魂态度（感知心和理知心）的同时作用下。我们首先注意到的其实是自身内在态度的重要性，这种感受是：在我的所有行动和思想中，最重要的是我自己的参与——我认同我的行动，我坚信我的思想，我能将这思想付诸实践。接下来我们注意到的是，每个人都有自己的世界观，每件事也有许多个方面，而我们也愿意在这样的前提下去理解世界。随着这种自我觉知的提升，常规的行为模式也被打破，每一个行为都由我们自己规划。此前我们主要是观望并于内在应对这个世界，但接下来，我们便希望对其进行重塑了。我们不再满足于自然本身，而是希望通过自己的想法和意图去塑造自然。这时便产生了一种风险，那就是退回到理知心的态度——忽略我们自身的参与，忽略我们的意识，对经验存疑，相信自己的思维已如实反映了世界。

即便这种自我觉知能够全然发展，也会有一个新的难题出现，这个难题将体现为两种形式。自我（或"吾"）的意识现在开始反思其自身在世界的地位，那么一个问题就是：我内在形成的思考与世界有什么关联？它对世界来说有任何意义吗？我对世界的思考究竟是如何形成的？我的思考是反映了这世界，还是独立在事物中存在？另一个问题则关系到世界上许多独立的"吾"的共存。如果"吾"的主要关注点是个人的自由信仰和自主行动，那么个体如何在群体中共生，这种共生又该如何组织起来呢？个体的自由发展能在社会生活中实现吗？当发展进行到这里，有一点是至关重要的：作为自主行动的发起者，"吾"不能仅仅是意识心的内在体验，而必须更有意识地体验自己的存在。在"吾"之中，在这种自由之中，必须萌生出新的直觉，以超越个体的"吾"。不同于对现实进行理性思考和构想，这个"吾"的力量必须给世界带来新的东西。新的直觉只能由想象捕捉到，比如：当我们有意识地体验一个社群，直觉就会在想象中诞生，告诉我们这些自由、平等的人如何能通过个体和集体活动来重新塑造这个社群。想象会生成社群中个体的图景和潜在的可能性，并尝试调动和促进这些可能性。在这样的想象中诞生的社会直觉才有能力创造出新的事物，这些事物既来自人类有意识的"吾"，也是现实生活的一部分。这种想象以自由的精神以及对他人的内在感知为本，塑造着全新的社会现实。

同样地，想象还有可能塑造自然过程。通过自由构想的图景，想象可以设想出如何修复退化的土地，设想出一种人与自然和谐共存的自然过程，在其中人与自然、树木、草原、田野、林地、灌木和动物相辅相成。如此带着灵性去创造，人类将为世界注入灵性的力量，新的可能性将在当前的世界应运而生。在灵性之中，我们将走向更加健全的未来，这未来并不像理知心认为的（或是像"未来学"所描述的那样），仅仅是过去的延伸，这是从"吾"的内在诞生的未来，是一个重生的人类世界。在人智学对人的研究中，以这种方式吸收世界之灵的"吾"被称为"灵自我"。意识心只有按照我们所描述的方式向灵自我敞开，才能进一步发展。

如果这种未来导向的发展无法进行，或者无人追求，发展的过程就会困难重重。的确，心魂仍活跃地渴求着不同程度的自由，人们也渴望进入世界，然而实践的途径却止步于理知心（虽然我们如今已享用着理知心的产物——技术），人们想要融入世界的愿望在行使权力或者自娱自乐时便已经得到满足。如此一来，人会发现自己的意志投射到了世界，为了实现愿望，就直接索取一切自己想要的。如果这些都行不通，如果自由没能被有意识地塑造，意识心就会陷入孤独、不满和忧郁，以及索然无味的沉思，在主观与不幸中自食其果。

意识心发展在历史中的镜像

意识心在历史上的发展经历了几个相当明确的阶段，这些发展阶段可以从一系列历史事件中观察到；反过来，人的个体内在发展也在历史中有所投射。

一、意识心出现前的动荡期

在意识心真正出现之前，社会等级制度在理知心的思维模式下，已经呈现出分崩离析的态势。首先是代表了最高秩序的皇帝和教皇，这两股势力的斗争一直持续到公元 1250 年，即旧一统帝国瓦解之时。1302

年，教廷颁布了《至一至圣教谕》，向世人宣称教权至高无上的地位，结果却沦为另一股势力的牺牲品——在法国国王的重压下，教廷的中心于1309年迁至阿维尼翁。最终在1378年，教会正式分裂，推选出两位教皇，分驻罗马和阿维尼翁。对中世纪的人来说，教会的分裂无异于整个世界脱离正轨、支离破碎。恐慌迅速蔓延，整个秩序的中心、精神大厦的顶梁之柱摇摇欲坠，人们不知道自己还能信奉什么。教会权威的瓦解，最终在最深沉的低音中接近了尾声——接下来的两个世纪，大自然的狂怒一次次地动摇欧洲的核心。1347年，瘟疫从热那亚开始蔓延，死神之手伸向欧洲各大城市。凡这场大瘟疫所到之处，几个月内就能轻易夺去当地三分之一的生命。

这些事件带来的心理影响在一种新的现象中体现了出来——死亡在艺术中的意象。欧洲各地开始出现以死亡为主题的壁画、木刻、雕塑和文献作品，比如弗朗西斯科·特拉伊尼在比萨公墓的壁画《死的胜利》，荷尔拜因的木版画《死神之舞》，在欧洲各地上演的戏剧《世人》，约翰内斯·特普的《农夫与死神》，以及其他许多围绕着死亡展开的作品。实际上，肉体的腐化、世界的脆弱和死亡的体验正是意识心发展的基础。经历了教会的动荡，人们失去了对教皇和其他高层人物的信任，明白了"什么也抵不过死神的镰刀"，于是此前的主流意识形态自此失去了立足之地。教会和大自然都无法承诺长久的平安，每个人都只有自己可以依靠。

约翰·威克里夫（1320—1384）对圣餐的解读让这种新的世界形态初露端倪。威克里夫无法再相信圣餐上的面饼和葡萄酒会在客观意义上转化为基督的身体和血液，于是他拒绝承认基督真实存在于面饼和葡萄酒中。这就开启了一种新的观念，即认为圣餐的重要性是有主观局限性的——是人们对于最后晚餐的记忆让面饼和葡萄酒成了圣餐的外在符号，然而圣餐本身却是存在于主观记忆当中的。威克里夫用这个例子向世人直接表明，人类将不得不依赖自己以及自己的内在资源。而且，新的心魂状态与由于大分裂而剧烈动荡的教会权威之间的关系如何，也因此显而易见了。

二、最初的征候

现在，每个人都只能依靠自己，也只能从自己的角度重新认识世界。早期艺术强调事物的客观意义，致力刻画它们"本来的样子"，个人立场和视角并不重要。现在，画家们则开始从自己的角度理解事物了，于是产生了透视法——从画家所在的观察点描绘空间中的物体。除此之外，人们独自探索世界的愿望也开始觉醒。古代和中世纪的航海主要集中在近海区域，现在有了更好的测量装置、新的天文知识和理论，人们便有可能计算出自己在外海的位置了。当然，那时人们还无法看到自己身在何处，只能运用理论、知识和测量工具进行计算。总之，行动不再是即时的感官信息，而是开始由思考引导了。人就这样环绕过非洲，发现了美洲，人的自我觉知也在这发现的过程中达到高峰。这种对自我的感知，这种自信，都在当时的自画像和自传中有所体现。而马丁·路德这样的人物，则充分诠释出人的自主精神，尽管有些迟疑，他仍然敢于公然对抗皇帝和帝国、教皇和教廷、地方议会决策和一切传统。他的内心有着纯粹并坚定的信仰：人心是直接与上帝相连的，不需要任何媒介。他的想法得到了无数人的认同，他们的信念皆来自圣经，来自最原始的资源；他们不再需要什么媒介或者祭司，他们已经可以自己阅读并理解圣经。

在社会生活领域，人权的概念第一次出现。在古代和基督教早期，奴隶制仍是被认可的，人们还不知道什么是普世人权。而现在，每一个人，每一个"主体"，都应该受到尊重。在 1525 年的《十二条款》中，农民就要求村社有权任用自己的神父，并有权在其没能纯一不杂地布讲福音时将其罢免。他们还有一个主要的诉求，就是不再为人奴仆，因为他们并不比那些贵族卑微，基督为了解救他们也洒下了同样宝贵的鲜血。于是，"自上而下"掌控着社会的阶级思维遭遇了一股"自下而上"的冲动——建立在自由和平等之上的社会自主的冲动。

三、由表及里

这种新的精神和态度，带来了新的研究。人的心智不再满足于已知的事物，或者自己目所能及的未知事物。人们想更深入地看到现象背后是什么，而正如前文所述，这一切皆源自人对死亡的认识。世间表象莫衷一是，人们不再单纯地相信自己在自然之书中读到的那一套，不再相信那些理应接受的启示，不再相信世界是上帝的奇迹之作。不，这世界属于死神。死亡的世界才是可以检验的，它可以被剖析和实验。文艺复兴时期，列奥纳多·达·芬奇等人已经开始了对解剖学的研究。1543年，安德烈·维萨里发表了史上第一部解剖学著作《人体的构造》。1618年，威廉·哈维发现了血液的双循环系统，这一发现在他1628年的著作《心血运动论》中公开发表。

这种研究的典型特征是：首先参透感官印象，进而对剖析的结果进行心理重建。新的天文学也经历了类似的发展。首先，哥白尼在1543年出版的《天体运行论》中提出了那个与所有表象相悖的理论——地球与行星都在以太阳为中心的轨道上运动。开普勒在1609年的《新天文学》中修正这一论点，他更加精确地描述出行星的运动轨道是椭圆形的，并用数学公式推导出行星运动定律。最终在1687年，牛顿在其著作《自然哲学的数学原理》中通过惯性定律、力、冲量和万有引力论证了行星运动的机械性、物质性和动力学。自此，旧的世界图景就像一具被解剖的尸体，于外部被摧毁，而后在内部重建。这种重建在开普勒和牛顿纯粹的数学定律中尤为清晰——心魂以自身活动为基础，创造了一个全新的宇宙图景。这个思维过程用纯粹的概念重新构建自然，而人则意识到，自己便是这思维的创造者。

那么，在开普勒和牛顿的时代，出现勒内·笛卡尔这样的人物也就绝非偶然了。笛卡尔也是一位数学家和自然哲学家，作为解析几何之父，他从一个单点出发，用数学诠释世界，也用数学来解释运动。在这样的心理重建过程中，人既不是从外在，也不是从传统中创造了自己，而是完全有意识地主导自我。因此笛卡尔得出了这样的结论："唯有思考无法与我分离。我思，故我在，这毫无疑问。存在多久呢？——只要我仍在思考。""吾"获得了对自我的觉知，开始有意识地对世界进行心理重建，而这世界对于笛卡尔来说，只是一个外在空间，一个死亡的、机械的世界。

我们在这些事件中看到意识心的最初呈现，心魂第一次脱离自然而面对自然，因此仅将自然看作"死亡"和机械的。它在这个死亡的世界和自己的内在之间划清了界限，而内在最高等的存在即纯粹的思考，数学推导活动就说明了这一点——推导并非来自外在自然的模型或图景，而是单纯来自心魂的内在活动。

社会生活中也同样出现了这种自我意识的引申形式。政治上，绝对主义想效仿物理学在心智上对世界的构建，企图如此构建社会生活。在这样的制度下，国王成了绝对的"吾"，他按照自己的意愿重建世界：他修建公路、运河和工厂；他发起对外贸易，建立制服统一的常规军队；最重要的是，他设立起完全听命于自己并仅向自己纳税的官僚机构。在这种观念下，其他任何势力皆被镇压并处死。绝对主义建立在公爵势力的废墟和自由胡格诺派的毁灭之上，连凡尔赛街道上的建筑都是朝向皇宫城堡的中心的，象征着那个独一无二的"吾"的统治。然而在社会现实中，这种绝对统治原则自有其限制，它的无能也就不言自明了。

英国国王想借鉴这套法国制度的企图也以失败告终，导致许多个"吾"群起而攻之，他们每一个都要求有自己的自由和自己的地盘，结果就出现了"城堡即我家"的规矩。同时期的德国则经历了30年战争和它的恶果。这里我们看到，意志若不知如何走向新的社会形态，只一味地追求独立，最终只会陷入危机。

四、新的深度和新的抽象

对新社会形态的追求一旦开始，就不再只是几个人的事了。人们对现有的旧社会形态，尤其是对传统教会的批判日益普遍和激化。除此之外，18世纪社会还广泛酝酿着新政府——未来政府的构想。这方面有两位思想家脱颖而出：孟德斯鸠和卢梭。孟德斯鸠的关注点在于自由，他设想了一个新的政府图景，提出了权力分立的新理念。相较而言，卢梭则激进得多，在《社会契约论》中，他以平等为原则，构想出一种新的共同体。该构想以公理为鉴，无意识中遵循了当时自然科学的思想体系。然而法国大革命企图根据卢梭的思想建立新的社会现实的尝试却以失败告终，罗伯斯庇尔及其追随者造成的血腥恐怖被拿破仑的统治终结和取代。孟德斯鸠的建议更为粗略，他以一些实际举措为目标，阐释了社会模型的可能性。他的建议后来成为美国宪法的基础，虽然经过修正，却一直沿用至今。然而后来的发展表明——尤其是各地（包括美国在内）的不公正现象——以博爱之名，建立自由和平等的人类社会是我们至今仍未竟之使命。

就在法国大革命企图从根本上改造社会、破除旧有的君主至上政权、建立新关系的同时，自然科学也同样在破除旧的格局，分离并重建新的关系，开始了对自然更加深入的钻研。科学不再满足于仅用数学重建固体的运动；物质的分解和合成在实验室中得以实现，化学的时代拉开了帷幕。1766年，卡文迪许发现了氢气；1771年和1774年，舍勒和普里斯特利各自发现了氧气；1772年，卢瑟福发现了氮气；不久，人们就理解了燃烧的真实原理，通往化学分解与合成的大门就此打开。科学研究的另一个分支则走向了更深层的自然，那就是人在不同时期对电的研究。在浪漫主义自然哲学家看来，这已然成了世界的基本原理。1831年，迈克尔·法拉第通过变化的磁场，成功地在运动中制造出电流。一种隐藏在大自然中的力量就此被发现，这种力量此前无论如何也无法由感官直接感知，现在却能被随心所欲地制造并进行各种转化。直到那时为止，所有的已知能源——风、水、火、煤——都有一定的客观性，它们就公开存在于大自然中。而此刻，一股能量于无形中产生，而后，它还能经由电线被传输到远处，并能转化成热、冷、运动或光。它可以激发化学反应，还可以传送信息。它不就是大自然的万能钥匙，是所有自然现象最高意义上的抽象吗？

在自然科学发展日新月异的同时，人类在精神领域的探索也远远超越了笛卡尔的"我思"之理。自康德开始，费希特、黑格尔、谢林等哲学家都走到了纯粹自我的面前，他们发现，"吾"是通过自身的活动，从内在形成思考的力量来进行自我创造的。在那些年里，诺瓦利斯曾经留下这样的笔记："费希特发现了、也讲授了对思维器官的主动利用，难不成费希特已经研究出主动利用思维器官的方法？"他在另一篇笔记中写道："主动利用这个器官，靠的无非就是思维那神乎其神的作用，也可以说，是利用这个物质与肉体世界的意志——因为意志本身就是一种神秘、有力的思考能力。"

就这样，人类遇上了这种可以普遍转化的能源——电，并相信它就是探索和支配大自然的万能钥匙。自然科学就此超越了所有"有形能源"，人的自我意识在哲学发展上也非同往日。除去在数学上对自然的理解，生动、鲜活的思考也已经做好准备，要进入生命领域，开始建立社会有机体。这一趋势可以从歌德、拉马克以及后来的达尔文和海克尔身上看到——他们的研究主题就是生命。早期社会科学和历史科学①都呈现出类似的趋势：为了影响和塑造社会与历史，人们渴望真正地研究这两门学科。于是，对于自然和自我的认知发展到了一个全新的阶段，人类的先驱者将自己从自然和传统的纽带中解放出来，走到了自由的门口，打算凭借自己的双手来塑造人生和整个世界。

---

① 英译者注：在德国，历史一直是一门"科学"。

五、意识心的危机

观察欧洲人的境遇可以发现，黑格尔去世后，在人类发现电力之后的几年，世界仍然处在工业化及其后续影响的开端，社会变迁还没有像 1870 年之后么么来势迅猛。随着拿破仑战争的终结，大范围军事冲突终于告一段落，物质主义尚未植入人心，西欧的政治启蒙方兴未艾，对人权和自由宪法的推崇得到了广泛认同。即便是民族主义，在 19 世纪前半叶也有着人性的一面——欧洲民众皆将自己看作更大的民族共同体的一员。因此在这一阶段，没有出现过什么至关重要的决策或者一筹莫展的难题，换句话说，任何一个合乎情理的社会行动，在当时都很有可能取得成功。

在这种相对自由的情况下，意识心其实有可能以自己的力量去创造一种新的社会形态，一种匹配于其内在本质的社会形态。这种自由同时也意味着守旧便无法创新，人需要运用自己的意志，进行从无到有的创造。正因为如此，人还需要创造性想象的力量，需要有意识地捕捉到自己的内在直觉，这样才能在当时的形势下有所行动。

在 1918 年 10 月 25 日的一个讲座中，鲁道夫·施泰纳指出了 19 世纪中期起到的决定性作用（《从征候到现实的现代史》，发表在《历史征候学》系列讲座中）。他说，到了 1845 年，意识心已经完成了五分之一的发展。在这个时间点上，资产阶级应当义不容辞地将自由主义这一完全抽象的概念投入社会生活当中。"所有活跃在当时的思想——想要进入人类历史发展进程的思想——无一例外，都是高度抽象的，有些甚至只是空洞的语言！但是这不要紧，在意识心时代，人性需要穿越抽象，人类的先驱思想需要经历这样的抽象形式。"施泰纳继续解释说，1845—1878 年这 33 年间，资产阶级本来有时间将自由思想注入政治和历史现实。对历史的考察表明，1847—1849 年，资产阶级的确试图实现自由思想，他们和最初的无产阶级一起，为宪法、公正和自由而努力。在英国，这一目标的载体之一是宪章运动，之二便是那些致力解决爱尔兰问题的人；德国人在这方面的努力在保罗教堂运动时达到了顶峰；在意大利，这体现在加里波第和马志尼这样为保卫罗马而战的人物身上。到了1850年，这些努力已经取得了相当的成就：宪法被采纳，代表由选举产生，立宪政府和出版自由得到广泛保障。然而历史作家们还是（完全正确地）声称1848年的革命是失败的，这次革命引出了一个奇怪的矛盾。后续发展表明，1850年之后，自由主义在西欧和中欧阔步发展。1871年，德国开始实行选举和无记名投票。1884年，英国在所有实际决策上也采取了同样的方式。出版自由在很大程度上已成为生活常态，工人有了越来越多的权利，社会保障也在提升，然而这些发展成果显然不是不可动摇的。首先，彼时的当权者——拿破仑三世、施瓦岑贝格、俾斯麦已显露出革命失败的端倪。其次，资产阶级将兴趣点大范围地从政治转移到工业和贸易上。最重要的是，权力的某些因素从未改变，比如普鲁士军队的最高统帅一直都是皇帝本人；在东方，贵族拥有主要土地所有权的地位也从未动摇。与此同时，工业的力量在增长；精神生活，尤其是自然科学，也更多地转向了物质主义。思想的引领者不再是费希特、谢林、黑格尔，而是达尔文、海克尔、亥姆霍兹、本生、菲尔绍、基尔霍夫、莱伊尔、托马斯·赫胥黎、傅科、凯库勒、马克思。当然，谁也不会否定（谁也不希望否定），比起浪漫主义自然哲学的猜想，这时的自然科学不论是在内容的广度还是研究的精度上，都代表着巨大的进步，然而从这种思维方式中产生的社会思想——将被实践证明——却是极不健康的。而且，在推动社会健康发展上，继续处在统治地位的社会阶级也没有起到积极作用，因此我们也可以说，资本主义就这样错失了良机。

随之而来的自然是病态的征候，少数人已经对此了然于心，霍布森就是其中之一。在帝国主义和夸张的民族主义旗帜下，对地球的征服和掠夺、在陆地和海洋进行的军备竞赛拉开了帷幕。约瑟夫·绍姆布格尔把这种帝国主义恰当地形容为隔代遗传——它再现了强盗骑士和投机分子的旧行为模式，而所有这些破败的境况却影响甚至决定着国家政治。在欧洲以外，历史悠久的社会和经济模式被盲目地消灭，如中国这样的国家陷入了几十年的混乱。通过技术和政治，非洲人的手上出现了完全陌生的工具，这些工具正在摧毁他们的生活。在欧洲，帝国主义的紧张局势引发了第一次世界大战，这场战争的结局进一步揭露了统治阶层的软弱和无能——他们根本无法带来真正的和平。《凡尔赛条约》之后，接踵而至的，是战争在其他意义上的延续。签订和平条约之后，这一点在政治发展上显而易见。

六、现阶段意识心发展

原子物理的发展清晰地表明：技术物理学的研究已经更深地进入自然力量的领域。这种此前未知的能量直指核技术的特殊本质，可是很显然，人类还没有能力安全或明智地运用这种能量。这个简单的事实将我们的视线拉回人的内在发展，我们可以看到无数次企图理解和控制人类和人心的尝试——从行为主义，到精神分析学谱系，到东方的冥想练习——人渴望引导心魂进入更深的层次。抛开所有这些努力的效果不谈，我们不得不说，它们对社会发展并没有起到疗愈作用。这跟这些实践的内容本身也有关系，比如：如果用挫折—攻击假说来解读人类行为，那么这个假说本身已经包括了消极的社会发展因素。而且，在这些实践中很明显的是，心魂并没能掌控自己，因为心魂是在分析医师或精神导师的引导下进入深层的，因此很难成功发展出自我控制、自我认知以及引导和塑造自身发展的能力。

这样就出现了一个矛盾：一方面是人类对自然进行侵略性干涉的巨大能力，另一方面则是人类自身的内在发展。自我认知、自身修养以及人与人之间互相理解的能力都没能跟得上日益增长的力量，既包括自然力量的释放，也包括对自然的驾驭。这绝不仅仅是一个理论或伦理问题，我们与自然、与人类同伴的关系终究是由我们自己决定的——由我们的知识、洞见和态度决定。正因如此，知识的欠缺和态度的不端正导致的外在后果也要由我们自己承担。如果人能开始理解自己的思维和行动是如何影响外在发展的，那么就还有机会进行自我修正。

然而时至今日，完全工业化的国家的态度是掩盖自己的行为后果，把问题留给未来。这样的行为最终会负债累累，会快速耗尽地球上的自然资源，会在海洋污染或原子废料处理等问题上后患无穷。不仅如此，"第三世界"出现的问题——热带森林的砍伐、水土流失、饥荒等——只受到了最微小的重视。人们拒绝承认药物引发的复杂问题，拒绝承认当今年轻人的躁动与自己的生活方式息息相关。这种态度在未来的几年或者几十年，终将走到尽头。

不幸的是，人们不认为从困难和灾难中学习是理所应当的，我们从发生在自己身上的事当中永远学不到对的东西。人是否能引领自己思考的方向，这在今天是至关重要的。意识心发展到今天，应当能克服那种以个人利益和企图——不论内在还是外在——据理力争的思维方式。意识心已经发展到了新的阶段，它应该能领悟从外在世界向自己而来的事物，它应该能基于过去的经验而思考，明白自己在当前经验中的责任，并能感知自己在世上所作所为的后果。

在社会领域，这意味着一个人可以学会站在另一个人的立场，真正地倾听和理解对方，而不是从心理学上去分析对方；在人与自然的关系中，这意味着我们必须找到滋养自然的方法，去考虑它的状态，而不是一味地开发。这种思维方式会让意识及时地延伸，从而逆转意志。迄今为止，我们所有人都从自己的立场思考，我们只看到了自己的权利和需求，我们会衡量什么是对自己有益或有害的，也以此为依据发展了我们的思考，创造了技术。但如果这种思维和行为方式延续下去，不论我们多么聪明地延迟问题的发生，它终将引发灾难。如今世界人口非常密集，重大灾害发生的可能性极大，理性的自我主义必将自取灭亡。相对的，我们需要发展出倾听自然和社会的意志，这样才能基于各种经验形成思想和判断，并据此找到意识的方向。这种关注和观察都需要我们（曾经只留给自己）的敏锐感受。不过，只要我们明白人与世界并不是分离的，明白我们就生活在其中并对此有深刻的感受，那么我们便需要消除意识的限制：人将变成一个有机体，允许世界在其中表达自己。

第三章　不同年龄段的历史课[①]

　　学龄前儿童总是开心地期待着那些讲了一遍又一遍的故事，而且，如果故事跟他们第一次听到时不是一模一样的，他们就会认为故事讲错了。他们期待听到特定的词语和表达，虽然还无法用智力理解这些语言，但是会觉得其中的韵律和格式意义非凡。6、7岁生日之后，孩子对新故事就越来越有兴趣，他能够吸收新的图景了，并且希望故事能呈现出人物的内心。他的内在可能早已知晓故事的结局是什么，但当他听到善良、聪明的人克服重重困难时，还是会被牵动心弦。9岁的孩子对故事又有了新的期待——故事必须是"真实的"，他们会问故事真的是"真的"吗。这个问题表明孩子有了辨别的能力，他会向成人质疑："你是怎么知道你讲的这个故事的？"与这种质疑的态度同时出现的还有一种新能力，那就是对成人的感知——世人呈现出的不同外貌和性格。这个年纪的孩子开始有意识地区分每一个人，人的样貌仪表和行为举止变得尤为重要。回想我们自己9、10岁的时候，会发现记忆中的人物都有着鲜明的个性，我们记得的，是那些对孩童时代的我们格外重要的品德和特质。明白了这种少年式的理解，我们在讲述历史故事时便可以另辟蹊径——故事应当集中在人物和事件本身，而不是以表明历史关联、深刻意义或者文化影响为目标。因为孩子在12岁以前，因果观念尚未觉醒，还无法完全理解后面提到的那些层面。那么考虑到10、11岁孩子的兴趣，什么样的历史教学是适合于五、六年级的呢？

[①] 鲁道夫·施泰纳关于这个问题的论述收录于埃里希·加伯特的《鲁道夫·施泰纳的历史教学概要》，斯图加特，1969。另见克里斯托夫·林登贝格的《教育的条件》，赖因贝克，1981：43-82。

回想我们自己在那个年纪能听进去的故事便会明白，如果事件是以图景、传记的方式讲述的，那么9、10岁的孩子就可以想象和理解许多内容。如果有谁足够幸运，在那个年纪能听到优秀的讲述者所述说的历史故事，他很可能几十年后仍对故事的细节记忆犹新。我们没有必要为了孩子特地简化或删减故事，正相反，细节可以给人留下深刻印象。重要的是为孩子提供想象式图景，而不是评判。提供评判的意思就是没有讲出具体细节，而是去形容角色"很善良""很聪明""特别狡猾""头脑简单"等，这样的语言不会让人留下长久印象。但是如果这样说："灰白的头发几乎闪耀着银光""闪烁的目光甚至照亮了黄昏"；或者这样暗示一个角色的体力："他一直走在所有人的前面，即便是上坡也健步如飞，登顶之前绝不允许自己休息……"孩子会理解这样的语言。其实人物的行动就是一种清晰的表达，用这种表达方式还可以让他们理解很多难懂的东西。遵循喀尔刻的忠告，奥德修斯与水手们在出海前所做的准备已经暗示了海妖塞壬的魅惑力。内在状态和情绪都可以由身体姿态表现出来，比起"她哭得很伤心"这样空洞的表达，这个年纪的孩子需要更生动的描述——"她哭得连手帕和自己的衣领都湿透了"。教师必须训练这种能力，必须有意识地运用语言，尽量避免"很大""很好""很勇敢"这样的措辞，改用具体的比照和细节描述——"那些盾牌大到把人从头到脚都挡住了，保证了他们的安全"。

　　这样要求是因为10、11岁的孩子还没有能力形成自由、纯粹的内在感受和判断。对他们来说，感受和印象仍来自图景以及具体心象。"图景"并不仅仅是"内心可见"的意思，这里我们说事物要图景化，意思是它必须要在某些品质上与听者建立连接，比如人为成就、内在感受、精神相通。对于希腊史学家来说，波斯军队的规模本身已经是其不人性的体现——这支30英里长的队伍凭借着绝对优势摧毁了大面积土地，这就表明民众如奴仆一般服从着君主。这时再听到"波斯国王下令鞭打海水，只因为它摧毁了浮桥"，我们会看到一种原始、野蛮的思维图景。

这种图景化的描述必然可以激起孩子的感受和判断，但他的感受还不是抽象的，判断也仍停留在表面。考虑到这一点，我们就还不能用抽象的方式建立思考、连接和因果关系。同样的，孩子在古代史中应当学习人物的际遇和作为，而不是联系和因果。如希腊圣贤游历埃及，向那里的祭司学习；埃涅阿斯逃离火海中的特洛伊，并带走了这座城市最神圣的守护神像最终抵达罗马。这样我们便知道，而对12岁以前的孩子，如何通过人物行动和传记，用图景化的方式教授历史。

事实上，这种图景化的品质在12岁之后的历史教学中仍然奏效，甚至可以一直灵活地沿用至十二年级。而且，就算是十二年级之后再开始抽象教学，也不见得会一帆风顺！事件的图景化和具体化呈现是思维和判断生长的土壤，因此七年级老师在讲述探险家的航行时绝不能简单地说："14世纪，人们开始建造适合航海的船只，这些船能穿越整个大西洋。"如前文所述，这样一艘船应该被细致地描述，最好是描述出船是如何建造的，用的是什么木材，船身是怎么涂的焦油，船员所在的尾舱有多大，船长室又有多大，船的桅杆有多高。还可以讲述一些特殊的条件，比如为什么木材需要彻底干燥。七年级教学与五、六年级不同，因为七年级学生可能会要求老师解释为什么这些船都是在汉萨同盟①城市建的，或者为什么地中海上采用的是不一样的航海技术和船只。这些问题一旦得到解答，学生就会有动力去钻研公海航行的必要条件了。那么进一步的关联就可以通过这样的问题来实现——为什么欧洲人会在非洲之角那里寻找航线？哥伦布怎么会想到在大西洋上寻找通往印度的航线——只要学生的思维是建立在图景化、具体化的知识上的，那么这样的问题就不会

---

① 译者注：汉萨同盟是德意志北部城市之间形成的商业、政治联盟。汉萨（Hansa）一词，德文意为"公所"或者"会馆"。它于13世纪逐渐形成，14世纪达到兴盛，加盟城市最多达到160个。1367年成立以吕贝克城为首的领导机构，有汉堡、科隆、不莱梅等大城市的富商、贵族参加。汉萨同盟拥有武装和金库。1370年，汉萨同盟战胜丹麦，订立《斯特拉尔松德条约》。汉萨同盟垄断波罗的海地区贸易，并在西起伦敦、东至诺夫哥罗德的沿海地区建立商站，实力雄厚。15世纪转衰，1669年解体。

陷入空谈。

到了七、八年级，教学的重点就是在有着明确因果关系的物理意义上，学会关联与因果的应用知识。要想研究事件的因果，英国的工业革命是一个很好的例子。这次革命其实起始于英国的煤、铁矿开采：几个世纪以来，英国为了造船和其他事业已几乎将森林砍伐殆尽，而且当地气候湿冷，供暖的木材也是必不可少的。木材的短缺直接导致了煤矿开采的必要。起初煤、铁矿都比较接近地表，是较易开采的，但经过一段时期的露天开采，人们便需要向更深处挖矿了。在深挖的过程中，地下水流入矿坑，于是就必须把水抽出来。整个过程至此都有着严密的因果关系，我们面前是一连串普遍事实。虽然在抽水过程中可能会用到驴或马，但抽水这一需求却是由人类的发明所满足的：丹尼斯·帕潘、托马斯·萨弗里、纽科门的科学研发成果就是蒸汽机的前身。到这里我们面对的就不再是原因，而是结果了——由煤引出的发展。人类活动的因果性和目的性的相互作用在整个工业革命时期都有体现，应尽量在教学中清晰地阐明二者的区别。其实我们在这里讨论的是一种最重要的史学范式。

学生还可以通过自身的既定联系来理解其他历史环境。我仍记得自己12岁时（那是1942年秋天），看着世界地图，视线扫过美国、大英帝国、苏联，扫过轴心国和日本的其他对手国，之后得出了这样的结论：德国可能会输掉这场战争。这种想法在当时的德国是大忌，我们无时无刻不被灌输着取得最终胜利的德国将是多么美好。但是那个不一样的想法一旦产生便无法平息，我开始听国外的无线电广播，开始形成自己对时局的认识。12、13岁的孩子差不多就是这样理解历史进程的，比如：他们可以理解英国为什么能在1588年战胜西班牙，那里的岛国地理环境如何助长了海上霸权和殖民地掠夺；为什么德国的工业那么晚才开始发展。不仅如此，学生其实还有能力理解为什么土耳其的印刷禁令会导致这个国家知识与文化的衰退，以及19世纪末的城市化发展对社会生活有何影响。这些都是比较大的主题，是能够揭示社会和历史关联的主题。学到了这些东西，学生便能真正理解历史上发挥作用的"法则"，收获学习的满足感。他们知道自己已经从故事中发展出了历史洞见，也感受到自己是被严肃对待的，逐渐觉醒的理智就是这样被用起来的。

不论在教育理论还是方法上，我们对学生的要求都是既不能太多，也不能太少。如果在五年级就把地理和社会结构当作明确的教学目标，那就太早了，而用因果、推理的方法学习历史则不应该开始得太晚。12、13 岁时，研究因果关系是有趣的。这时学生会感到自己真正该理解和设想些什么了。因此，施泰纳向这个年级的老师推荐巴克尔[①]和勒基[②]等作家是不无道理的。即便他们作品中的内容已经过时，其主旨却完全符合因果和常理的历史进程。就算是再五花八门的事件，也要有它发生的背景作为铺垫。老师要留心做到的还有带给学生"牢固""有形"的事实。在介绍印刷业的影响、现代大都市的起源、工厂作业的结果时，还应当包括相关的地理情境。这时的讨论仍是围绕着可见的事实，而不是纯粹的内在动机的，比如法国大革命的意图。有些老师认为，如果不去讲自由和平等或者在狭义的角度上讲讲政治问题有些可惜，但其实讲这些话题在心理层面还为时过早——学生可能会在一知半解的情况下滥用这些概念。

到了九年级，近代史要再讲一遍，这一遍才是从每个世纪不同的内在动机、思想和主旋律入手。观察学生，你会发现他们的兴趣点从现实逐渐转向了思想。八年级时，一些学生大概还愿意不厌其详地描述戴姆勒、本茨、迪塞尔、爱迪生和福特等人的发明和成就，但是一般来说，

[①] 译者注：亨利·托马斯·巴克尔（Henry Thomas Buckle，1821—1861），英国著名实证主义历史学家，以其 1857—1861 年所著的《英国文明史》而闻名于世。巴克尔认为，人类不过是自然的一部分，人类历史同样受自然规律的支配。

[②] 译者注：威廉·爱德华·哈特普罗·勒基（William E.H.Lecky，1838—1903），英国资产阶级历史学家，著有《欧洲伦理史》，叙述从公元 1 世纪后期罗马帝国奥古斯都在位起，到公元 9 世纪初法兰克皇帝查理曼在位的 1000 年间欧洲伦理道德观念的演变。

这种兴趣会逐渐消散。那些痴迷于这些事情，甚至想用技术手段解决政治问题的学生，在班里仍凸显着自己，却再也受不到重视。到了这个年纪，学生往往开始尝试理解思想——自由、公正、平等——人道和自由成了他们思考的主要问题。不过对于这些问题他们有着自己的奇特体验，以"自由"这个词为例，这个概念点亮了他们的内在，但他们却很难真正领悟或表达，也很难对应到具体的历史情境。八年级时，大家讨论技术和工业发展，一切都是关于外在发明的，可以被简单、清晰地描述，如果学生能力允许，还可以将相关知识运用起来。现在却有困难了，因为有些内在的东西在寻求表达，毕竟一个人在描述外在世界时，不容易暴露自己的思想和感受。这个年纪的男生在自我表达上会遇到些困难，尤其是涉及思想与感受的问题，他们还不愿意敞开心扉。相比之下，每个班里都会有几个女生迫切地想参与和发声，想表达自己的感受和想法。她们走在了男生前面，直到十一年级男生才能再次追上她们。

在这个年级，历史应该能帮助学生明晰他们内心的想法。首先，想法必须仅作为想法来讨论。比方说，大家可以讨论"自由"这个概念，可以讲明每个人都有形成自己思想的自由，不过一旦某个思想形成了，人就会希望交流和探讨，并最终将其实现。于是我们可以总结出三个阶段：内在思想自由、言论自由、行动自由。初步看一下历史，可以看到自由的这三个阶段分别是如何取得胜利的：思想和信仰自由开始于教廷对真理的垄断被打破，导致一个新世界观的诞生；言论自由是逐步发展的，起初是在国会的自由发言，后来是上流社会的自由讨论；行动自由有很多方面，19世纪就出现了就业自由和集会自由，如今独立的学校也让我们看到自由集体组织形式的实现。通过这样的讨论，学生在学习历史之前就对自由的概念有了比较清晰的理解。

教师也可以用类似的方法探讨"平等"的概念。首先介绍不平等在过去的主导地位，介绍曾经不受限制的权力与特权。走向平等的第一步包括对权力的限制，将平等纳入法律，以及保护财产和居所；第二步是约束经济权力，并建立势均力敌的社会力量；第三步尝试则是创造平等的教育机会。和之前一样，这些走向平等的发展阶段也可以作为预习内容。

最后，我们还有第三个内容需要预习，那就是"自由"和"平等"两个概念的矛盾关系。平等必然会限制自由，绝对平等即意味着毫无自由；沉浸于自由则越来越趋向不平等。如何理解这种矛盾？两种概念的界限在哪里？它们可能不受限地存在吗？不可能！那么它们存在的条件是什么呢？如果把它们与博爱的思想联系起来又意味着什么？如果老师在课上能成功展开这些理论上的讨论，并在深入历史之前明晰这些概念的有效存在范围，学生一定会受益匪浅。以这样的方法，学生可以围绕着思想去看待历史，并通过征候特性去理解历史冲突。

这些概念是理解不同世纪的代表性思想的基础，比如 18 世纪的主要思想就可以表述为"启蒙时代的思想对历史发展的影响"——学生听到这句话时，已经对更广泛的思想有了自己的见解，因此也就能更好地理解启蒙运动了。不同世纪的主旋律皆与历史事件的主要思想有关。启蒙思想本身就是一个中间概念，它建立在平等和自由的崇高理想之上，这些概念的逐步实现作为一种光明、一种"启蒙"，体现在启蒙运动的整个过程中。事实上，整个 18 世纪就遵循着这个过程：它开始于路易十四这样的标志式人物，终结于席卷整个欧洲的法国大革命思潮。九年级的学生不该仅仅学习并记住那些索然无味的事实，用这种方法将历史事实与内在思想和动机相结合是非常重要的。

这一点在 20 世纪尤为重要。眼下，旧的技术、物质文明陷入了前所未有的危机，新的文明呼之欲出。我们需要一种新的自由观来描绘 20 世纪的新文明。启蒙时代的自由思想已经发展成了激进的"主观"个体自由思想。与过去相比，这种新的自由超越个人主体性，通过个体的认知和感受理解这个世界，并通过这样的洞见创造文明。过去十年人们对环境的新认识便是超越个人主体性的表现，如果说过去人们有环境开发的自由，而现在人们对自然规律和意义有了新的认识，那么新的自由就应该是能够去倾听环境的需求。这样的新自由才能带来有意义的行动，并发展出人类全新的教育与生态文明。

  这个年纪的学生的内心如果能清楚自己的理想冲动，是有助于心魂发展的。这时学生开始评判世界了，他们无时无刻不在评判，虽然一开始还难以主导自己的判断。这种判断的力量是压倒性的，不过一旦他们体会到在社会生活和经济层面，绝对的自由只为强者赋予力量，而将其他人视如草芥，他们便会明白这种主义的限制，便会更加小心地做出评判。经济自由主义的故事以工人阶级的不幸收场，这让他们看到绝对经济自由的后果。罗伯斯庇尔的例子让他们看到，一个人如果利用自己的判断来专制，声称自己代表了大众的意愿，则可能导致可怕的思想暴政，这种暴政以成百上千的生命为代价，并终将自取灭亡。学生首先是对卢梭和罗伯斯庇尔的思想感兴趣，接着是丹东与罗伯斯庇尔的斗争，最后是悲惨的结局——他们的内在会一直跟随着事态发展，体验到整个发展过程的内在戏剧性。格奥尔格·毕希纳笔下的冲突就是当时典型的生活写照。

  当学生意识到思想是可以付诸实践的，他们便能在理想的指引下发挥出充分的判断能力。罗伯斯庇尔的例子仅代表了失败的一面，但是在权力划分的理念和实施上，在劳动权利上，以及在陪审团的建立上，学生都能看到思想的实践不是一蹴而就的，它需要新的社会发明才能实现。重要的社会发明通常只能"曲折"地实现思想：它不会直接行动，而是会创造某种制度和方法，让思想得以实现。从九年级往后，应该着重强调这种可行的制度和程序。我们可以在练习中反复问同一个问题："所谓可行的制度到底是什么样的？"这样，学生判断的能力就会更紧密地与世界相结合。

  到了十年级，这个新的历史重点可以由另一种方式来展开。鲁道夫·施泰纳在 1921 年给华德福教师的题为"人的认知和课堂教学"[①]的讲座中讲道：性成熟之后，重要的就是让内心的主观性进入世界的客观

---

① *Menschenerkenntnis und Unterrichtsgestaltung.*

性。这里的客观世界指的既是物理的空间世界，也是我们周遭客观的生命世界。九年级的教学要带给年轻人心魂的自由——在理想的旗帜下，学生不再通过图景理解客观发展的单纯事实，因此自由的到来是顺理成章的。然而起初他们还无法做出恰当的判断，于是自由就带来了不安和混乱。学生开始叛逆，认为世界不该是现在的样子，自己也不该是现在的样子。在这个阶段，要谨记施泰纳在1921年和1922年的教师培训上说过的话："混乱是一定会来的，而且在此前的整个教育过程中，我们要预见到这种必然会出现的混乱。那些忧心忡忡的人也许觉得，人最好永远不要经历这种混乱。然而若真是那样，才是对自己最大的伤害。人无法免除这混乱，而在此之前的教育应该能够在这一点上支持到心灵的内在工作。"

在十年级，从主观混乱走向客观的过程再也无法被教师的权威影响，学生开始问询万事万物的原因，他们想要知道事物为什么是现在的样子。只有更深的洞察才能引导他们走向新的客观性，而这种洞察必须首先从清晰的范式中获得。对应这一阶段的课程大纲，这时的教学就进入了历史和地理的关系——地理事实即清晰的客观基础。不过这个时候讲地理，一方面在方法上要格外细致和严谨；另一方面，普遍原理要从更多范例中总结出来。简单清晰的范例有：在几大河流域最初出现的伟大文明（幼发拉底河、底格里斯河、尼罗河、黄河），沿海地区的生活对航海的需求（希腊、葡萄牙、英国、荷兰、挪威），以及沙漠地区好战的游牧民族的扩张。很快，学生的问题就需要老师多做准备了：印加、玛雅、阿兹特克文明都是怎么回事？为什么日本没能在更早期成为一个航海国家？只有能和老师进行这样的深入探讨，学生才会觉得自己面对的是真正的客观问题。

这一阶段的第二要素是工作方式，学生现在必须学会自己重现历史。老师可以根据文献、考古发现或者历史事实留作业，可以问学生一些特定的建筑——比如金字塔或巨石阵——表明了当时社会的什么。《奥德赛》、埃斯库罗斯的悲剧《波斯人》、柏拉图在《理想国》（第二卷：11~14章）中关于建立城镇的对话……有了这些文献，再加上有针对性的问题，就可以激发学生的创造性思维。对学生来说，这些文献让他们与客观性正面交锋。他们会明白，掌握了客观性，他们自己就可以形成过去的图景。

  总的来说，不论在主题还是方法上，十年级的教学都有一条很强的理性线索。对比九年级学生看待问题的理想主义态度，这一点尤其突出。以民主国家的起源为例，学生现在可以从地理层面到社会结构进行透彻的思考，因此他们或许能自行得出这样的结论：是社会环境造就了苏格拉底。有了这种清醒的认知（并且一定是完全合理且可理解的），逐渐觉醒的客观性和叛逆感就可以被理清头绪了。相比之下，完全在感受上的理解或是片面的理想主义对这个年纪的年轻人是毫无帮助的。

  如果九年级和十年级的教学进展得很顺利，学生也建立起对客观性的最初认识和联结，那么十一年级的课程又可以给他们带来相当不同的印象。这时混乱已经平息，他们的行为、问题和兴趣都体现出自己又上了一个新台阶。他们的问题变得更加个人化，或从容或不安地，他们会把自己的内在体验结合到课程中，不过许多让他们印象深刻的问题或困难，都会由社会文化环境来解答。他们开始讨论基因和环境对他们个人的影响，他们不知从哪里学来了流行的心理学词汇，开始谈论攻击和升华、自卑情结和母婴纽带。这些术语往往是漫不经心间说出来的，还不够准确严谨，但足以看得出他们的兴趣点在哪里。

  德国的历史课堂会用沃尔夫拉姆·封·埃申巴赫的《帕西法尔》来满足学生的兴趣。这部叙事诗有许多方面的价值，其中最主要的就是发展——这是一部关于发展的作品，其中的意象上升到对人的发展过程中不同阶段和处境、危机和冲突的洞察。未受过良好教育的人常常在不知其所以然的情况下随意发表言论，然而《帕西法尔》这样细致、精准的作品会让读者获得心理层面的察觉和理解。只要想象一下雪地上的三滴血这个场面：帕西法尔被深深迷住，连受到攻击都无动于衷，直到高文挡住了他的视线，让他看不见血滴。高文知道怎么处理这样的情况，因为他是一个能干的心理学家。

但即便像德国老师这样做，也很难了解学生的潜在问题，因为历史并不仅是个人内在发展的图景。无论如何，历史老师必须努力找出一些历史内容，能在个人意义上吸引这个年纪学生的兴趣。这样看来，民族大迁徙、德国皇帝和中世纪僧侣这样的人物是无法在第一时间就引起学生兴趣的，不过如果尝试去研究中世纪时期各个重要的文化，而且在心灵发展背景下将其展开，则是另一回事了。同时我们还能感到，这个文化只是一段短期发展的末尾，并没有延续下去。

不过，这种在文化风貌上的尝试，只有注入更加完善和前沿的思想才能够被完全理解，那就是发展的思想——由衰退和重生、变革和个体化、起源和目标所定义的发展。十一年级的学生正经历着潜在的困惑和危机，他们需要认识到：不仅仅是他们自身的发展，连整个历史发展都需要经历低谷和新生的过程。中世纪文明起源于古典世界，但这个世界和它的传统都会破碎。古老的精神遗产逐渐隐没成了一股暗流，经过转化和重塑之后，成为基督教的精神。中世纪历史仅在少数时刻实现了它的目标，自法兰克文化开始，在发展过程中经历了一连串分裂和危机之后，各个文化才日渐明朗，并创建起自己的机关：教堂和修道院、教会学校和大学、骑士制度、有手工业行会和商人的城镇。然而所有这些都结合在了基督教思想中，在同一穹顶之下由许多形象所修饰着。通过这样的方式，在文化和心魂中形成的精神力量对学生来说就更加真切了。

十二年级的学生有能力问出关于历史本身的起源和目标这样的问题。细节仍然是非常重要的，但他们真正的兴趣在于一些根本问题：是什么塑造了历史？历史会走向哪里？但这些并不是抽象意义上的问题。学生想找到自己生命的方向，去规划自己的人生，历史应该能帮助他们。这个时代最沉重的问题——18岁的学生正亲身经历着的 —就是未来，看似暗淡无望的未来。当然，未来的展望可能对老师来说也是沉重的，但老师的任务并不是夸大恐慌或者为其辩解。老师必须要知道，物质主义对厄运的想象是片面的，而且还忽略了一个有力的事实——为了达到新意识状态而付出的努力。

　　只有对事物有了全面的了解，学生才能找到健康、积极的方向。有些思想对时代的判断风靡一时，但转瞬就会过时。学生需要的思想也无法从社会分析中获得，因为那只是观察到了衰退的征候，却没看到更深层的驱动力。我们这个时代至关重要的任务是为自由创造条件，但如果将自由仅仅理解为主观意义上的意见和选择的自由，那就根本无法理解这个任务。只有与从前的时代对比，我们才知道自由是什么。古代高等文明的确为人类文化创造了一些空间，比如当时的城邦——乌尔、乌鲁克、孟斐斯、哈拉帕等，但这些城市是完全依赖于大自然（即尼罗河流域）的节律的，人们的思考也几乎无法超越他们所在的那个世界。从这个意义上说，他们其实很不自由，因为要依赖大自然的配合。希腊人将自己从这种地理联结中解放了出来，迁居到了地中海和黑海地区，并从埃及探索到波斯，最终进入印度。人的思考与这种自由迁移是并行发展的，当时的思考是既写实又投机的，它在当时的世界自由徜徉，吸收着其中的形态，只要找到一丝确切的存在，便能多了解这个世界一些，这就是亚里士多德的时代。我们今天对自由的构想仍然与古希腊人漫无边际的自由思想相一致，但如果追寻希腊人的自由思想，直至它在历史上的尽头——经院哲学——我们就会看到它凝结成了一个具体的系统。不论是希腊人漫无边际的自由思想，还是经院哲学的系统化，都没能超越当时的世界观。希腊人自由的阿波罗式沉思发展成了最为精密严谨的经院哲学思考，其中包含了清晰和正确的理性概念。这种用头脑看待世界的理性思维，以及相对应的自由概念——思维自由——仍然统治着我们的意识。

　　但到了现代，自由的实质特征却是对自然进行主动性、试验性和转化性的干涉。值得注意的是，实验者就像一个技师，忘记了自己是主动影响着自然的。在他的思考当中还保留着希腊人的沉思态度，相信自己只是在描绘事物本来的样子，却忽略了是自己的活动创造了新的现象和技术。他站在自己的行动结果面前，却完全没有意识到这是自己的杰作——他没能在自己的行动中看到自己。今天的人类已经开始在很小的范围意识到自己的所作所为，那么到了未来，伴随着人类自己的行动，就会发展出一种新的思维方式。到时人类会更少"用头脑"思考，他们会试着有意识地用意志感知自己的行为、经历和觉察。作为一个整体，文化会被从头到脚地创造，我们现在正经历着过渡阶段的痛苦和危机。

这样的历史洞察或许可以回答一个困扰着高中生的问题，尤其是对于十二年级的学生：他们生活中那些事件的意义是什么？当今显而易见的危机和分裂都可以用这样的方式来理解。在十二年级，重要的是不让学生感到：凡事都没有意义，我们生活在一个荒谬的世界，我们"没有未来"。我们的历史大纲是有目标的——不是被设计出来的目标，而是存在于事实之中，它只需要能看到这些潜藏事实的眼睛。

十二年级的学生一定要讨论这些问题，而教师则面临着两个挑战。第一是专业能力，教师自己必须去关注那些他的学生关注的问题，也就是关于未来的问题，比如教师会思考：在目前的社会和人文背景下，新的思维方式会是什么呢？他会观察当代的现象，不错过任何新迹象。第二，教师还面临着个人的挑战，只有在课上找到符合自己的行动和语言，那些新迹象才可以让教学风格和班级讨论鲜活起来。教师的内在、精神挑战——抽象性、想象力不足，情绪悲观，思想僵化，过度依赖大量资料（囤积资料反而更容易）——都会或直接、或经过转化后回来找他，激励他不断自我成长。这些挑战给了教师更新自己教学的机会，要与班级的问题和当代的任务与时俱进，这样学生才有可能掌握自己的未来。

第四章　根据鲁道夫·施泰纳的课程大纲选择五至十二年级的主题

鲁道夫·施泰纳给各年级的课程大纲之所以特别，在于它格外简要，这并不是没有原因的——他不想为老师们决定他们具体要做些什么。在1924年9月3日的最后一次研讨会上，他对斯图加特华德福学校的老师们这样说："我们的准则是，教师在教学上拥有完全的自由，但是在学校管理上不能如此。"他接下来给出的建议也只是几点忠告，这些忠告提供了一定的可能性，但是完全无意成为一份详尽的课程大纲。作者自己的经验则表明，许多同事在五至七年级教学中不会有太大的困难，所以给出的相关建议也比较简明。八年级老师的任务显然更加艰巨，所以我们要尝试更加透彻地探讨一些有争议的主题，因为许多同事对它们不够熟悉。不过，每位老师的工作还是有自己足够的空间，这一点很重要，因为老师通过自己的努力所掌握的东西才能在教学上奏效。如果他成功开拓自己的发现和方法，就可以期待课堂上迸发出热情的火花了。

在准备历史课时，老师最好尽可能少地依赖现成的教案。古代的资源——希罗多德和普鲁塔克，以及一些中世纪编年史（如果老师有意愿应用这些资源）——都比教科书上抽象的内容更加真实。不过，这一切都取决于教师能否在自己的想象中让事件形成生动的图景。在最初的华德福教师研讨会上，鲁道夫·施泰纳这样呼吁："试着用一种生动的方式去描绘历史，它就会是更真实的历史。"时间会让我们逐渐意识到这条忠告的意义。普通的历史教材非常重视一些概念：希腊城邦、神权统治、封建制度，等等。这些概念如果能保持灵活，并且有针对具体事件的具体观点来支撑，那么就是非常有用的。但如果仅仅是抽象地应用，它们就只能用来粉饰问题。因此，有一条很好的建议给主班老师——他不一定非得是历史学家——要将注意力放在个体人物以及他们的人生境遇上。每天都设想一下，下一节课要让这个人物表现些什么，准确地构想出那里的房屋和城镇、穿着和街道，等等。这样，这些元素才能构成时间和空间中的具体图景，才能融入教学过程，而且几乎是后知后觉的。这些图景如何在不同年龄段与思想紧密相连，已经在前几章提到了。

对于九至十二年级，我的目标是根据鲁道夫·施泰纳的建议制订一个基础概要，但是它仍然只是建议，甚至比从前更甚。尤其是到了十一、十二年级，不仅老师要找到自己的方法，整个班级也要通过自己的问题和贡献参与课程的打造。有些施泰纳的建议我没有特别提到——比如"人性的年轻化"——因为我相信这样的事实更适合结合事例进行论述，而不能作为十二年级系统学习的重点。如果发现本书对九至十二年级的讨论比五至七年级更加宽泛，那是因为我仍希望它仅是一份参考资料，如果有不适用的地方，希望我的同事们可以自行斟酌。

第五章　五年级

　　1919年9月6日，鲁道夫·施泰纳在关于课程大纲的第一次讲座上，阐述了教师在第一节历史课上的任务："到了孩子上学的第五个年头，我们应当尽一切努力做到的是，让他们接触到真正的历史概念。我们可以毫无顾忌地给这个年纪的孩子讲东方与希腊文明的相关概念。"施泰纳还说："尤其是需要调动他们感受的时候，任何能帮助理解东方人和希腊人的内容，都极易让十一二岁的孩子产生兴趣。"

　　那么，什么样的历史概念可以教给12岁以前的孩子呢？不论怎样，我们都不能一成不变地对历史发展进行因果性描述，或是对历史内在冲动进行概念性理解。讲述东方人的文明是为了明确强调古代各文明的差异，这种差异本身便已经涵盖了关键的历史概念。五年级学生会通过历史人物及其所作所为了解不同文明的差异。实际上，每个东方文明对待生命都有不同的心境和态度，这些都会印记在学生心里。

　　我们一开始就面临着一个难题——古印度文明的呈现。印度文明对于历史的记忆仅仅是印度神话的映射，比如伟大的摩奴和七仙人。我们可以首先介绍印度的史前文明对后世的影响，这样就有可能对其进行生动的描述。老师可以从《吠陀经》《奥义书》或者《薄伽梵歌》开始，试着形成这个古代意识的图景——一个有着无数神祇的世界。这个神的世界如此强大，与之相比，人间尘世仅仅是摩耶幻境。因此古代印度人关心的（正如现代印度圣人一样）不是农业，不是工业，不是生计，而是对神界的体验和领悟。而且，印度次大陆上的原始植被草木繁茂、多种多样，所以当时的人没有太多工作可做，省下了很多体力。这也就使得他们的精神生活几乎不受俗事所限,人们可以自由沉浸在宇宙的神秘中。这种精神生活带来的价值观就体现在种姓制度中,它给了祭司最高等的地位。古代印度文明对社会阶级的理解和接受都与今天截然不同,学生只有明白了这一点,对种姓制度的学习才有意义。

如果想让五年级学生对这个文明产生真正深刻的印象,一定要细致地体会一个人物——佛陀。好在佛陀的传说遵循着一种典型的印度习俗,用丰富的图景和形象将佛陀的一生记录了下来。另外,赫尔曼·贝克的书中对其有极好的描写。我们可以告诉学生:"现在我们来看看,印度人自己怎么形容他们心中那个最伟大的人。"表明了这些形容的真实性,我们便可以开始讲神的化身菩提萨埵。我们可以描述净饭王的王宫,菩提萨埵如何进入王后腹中,以及传说中其他的细节,这些丰富的意象都代表了印度人的灵性。佛陀的传说本身就能表达出一些印度早期文明的独特风格,而且,净饭王宫也仍然映射着原始的印度文明,那是印度的黄金时代。

还有一点非常重要,就是让学生知道佛陀的传说不是童话,古印度文明最后的支系至今仍以转化了的形式存在于印度。今天的印度可以说是古代文明的考古遗迹,比起后来从印度流入西方的文化,那个古文明才更加纯粹和伟大。如果学生能够体会到这些,就没有必要再强调大多数古代文明其实并非"未开化的"。

古波斯文明——琐罗亚斯德的世界——则弥漫着截然不同的氛围。在帕米尔高原和里海之间,乌许斯河以南,一片不如印度次大陆那么迷人的地域,这个文明开始了对世俗事务的操持:饲养牲畜、耕种谷物、修建房屋、开凿运河、灌溉田地……古波斯文明的愿望是让这个世界成为神圣意志和神圣秩序的意象。

这时,教师自己首先要意识到,定居生活对当时的人类来说意味着什么——它意味着在还不能依附于大地的时候,就放弃自由迁移的生活。生活在今天的我们都知道这个定居过程的结果是什么,但我们很难想象,如果每天不住在房子里，享受不到农业带来的面包和水果，生活将会是什么模样。我们知道谷物耕种和定居生活都是可行的，但人类在定居之前可并不知道，那时根本不存在这种经验或概念。而且，定居生活方式的适应还意味着人类心魂生命的彻底转变——人类从自然果实的消费者和享用者变成了食物和居所的生产者，从狩猎者变成了动物的饲养者和看护者，这个过程恰好在琐罗亚斯德的传说中有所体现。对于老师来说，幸运的是这些传说和许多琐罗亚斯德的文本都收录在 D. J. 范本梅兰的《琐罗亚斯德》这本书中。然而问题就是这些内容在五年级如何展开？正如特洛伊战争等希腊传说一样，我认为正确的方法仍是从讲述传说开始，简单地讲述一些琐罗亚斯德的人生片段，然后利用考古证据表明这些传说皆指向现实。这样学生就能明白传说的价值，他们会学到：在"古代"，重大事件在人们的记忆中传承了几个世纪，而后这种记忆与韵文一起，把最伟大的古代遗产保存了下来。

相比印度文明和佛陀，伊朗文明的特征明显不同，不过更加易懂。这个时期，人类发现自己陷入光与暗、善与恶的斗争，就在这斗争之间，人类逐渐找到了自己在大地上的立足之地。农业对人类来说是一种祭奠，是对天神的供奉。他们与恶神的崇拜者进行斗争，他们信奉太阳之灵——阿胡拉·马兹达[①]：

> 我鄙视恶神的信众。我发誓我是马兹达的追随者，是琐罗亚斯德教徒，是恶魔的敌人，是真神的信徒，是不朽的至善天使的歌颂者，是永恒的崇拜者。我向智慧的神，向良善、仁慈、公正的神承诺所行皆善，向光辉、伟大的神许下最美好的诺

[①] 译者注：阿胡拉·马兹达（Ahura Mazda），古伊朗的至高神和智慧之神，被尊为"包含万物的宇宙"。公元前 600 年前后，琐罗亚斯德发起宗教改革，将阿胡拉·马兹达奉为"唯一真正的造物主"。琐罗亚斯德宣扬，是阿胡拉·马兹达使人们看到了光明，所以他常常被塑造成太阳的形象。然而太阳和月亮有时会被形容成他的双眼。

言——神，给了我们奶牛、律法和天堂的光！我选择做圣洁、谦卑的人，我绝不偷盗牲畜，绝不侵占和糟蹋村庄。我允许房屋的居住者，也允许共用土地的家畜自由来去、自由居住。我带着对圣水的崇敬宣誓：从今以后，我在马兹达崇拜者的村庄里绝不侵占、破坏，绝不觊觎他人的肉体和生命。我发誓我是马兹达的追随者，是经过盟誓和忏悔的琐罗亚斯德教徒。我发誓存善念、言善语、行善事。（《亚斯纳》①第十二章：第 1~3 节、第 8 节。）

这种斗争以及向善的决心也代表了琐罗亚斯德的一生，他从一开始就面临着威胁，只能不断与敌人抗争，从而保卫新的生活方式和向善的信仰。

五年级老师在讲到美索不达米亚文明的时候会遇到一个非常难的选择。"两河流域"（底格里斯和幼发拉底）的重要性毋庸置疑——人类在这里建起了最初的城镇，发展出了最早的文字体系；乌尔、亚述、巴比伦文明也发源于此。但是面对五年级的学生，这些文明的盛衰兴废是很难描述的，那么老师该讲些什么呢？《吉尔伽美什史诗》本身就是一个故事，但是我们有可能依据这部史诗讲述苏美尔文明吗？还是根据希罗多德的记载描述一个巴比伦这样的城市呢？讲解文字发展的时候，是楔形文字还是埃及的象形文字更加生动传神呢？或许最合理的方法是从一开始就拿定主意：古代文明的哪些方面可以结合美索不达米亚文明一起讲，哪些方面可以结合埃及文明一起讲。埃及文明一定要包括石头在建筑中的应用（神庙和金字塔）、法老的统治和对死亡的信奉；美索不达米亚文明则重在城镇的建立和劳动的分工。此外，《吉尔伽美什史诗》可以用来描绘早期的城镇文化和寺庙经济，史诗中还有一些失败创导的故事。

---

① 译者注：亚斯纳（Yasna，阿维斯陀语）是琐罗亚斯德教的基本敬拜仪式，也是《阿维斯陀》（通称《波斯古经》）中重要的一卷，记载了亚斯纳礼拜仪式。

文字方面，则可以结合教育发展，从美索不达米亚开始，之后再讲象形文字，作为文字破译的图解。

《吉尔伽美什史诗》开篇便是对乌鲁克城的简短描述：城墙、墙上的饰面石、伊什塔尔神庙。老师还可以将考古发现作为这些描述的补充，讲讲审判大厅、手工匠人、生活条件，以及神庙统治下的城市生活。那时神庙掌管着所有的经济利益，也储存着所有的泥板文书；学校也在神庙附近，学校里的孩子用笔刀按在湿润的泥板上学习写字；城市周围蜿蜒的运河灌溉着肥沃的土地。吉尔伽美什就出现在这样的背景之下，史诗中这样写道："他是一个无所不知的人，是知晓世上每一寸土地的王。他是智慧的，见世人所不见，知世人所不知。他带来大洪水之前的讯息，他修建了乌鲁克的城墙、壁垒和神庙。"这样来描述城市和城市生活，就更容易结合史诗的开篇了。

老师如果想讲讲这个文明在巅峰时期的大城市，那么有两个很好的选择：一个是瓦尔特·安德烈对亚述古城的精彩描写，另一个就是希罗多德在他的第一部书《历史》中对巴比伦城的描写。对我来说，详细讲述苏美尔和巴比伦的文化和宗教有一定难度，但还是有些特定的方面可讲：巴比伦人开始发展天象进行观察，他们是最早划分出星座的，并认为太阳、月亮、行星都是神的化身，如太阳——沙玛什、月亮——辛、水星——纳布、金星——伊什塔尔、火星——内尔格勒、木星——马杜克、土星——尼努尔塔。不过对巴比伦人来说，整个宇宙都是灵性的国度，诸神在其中发挥着各自的作用：安努是苍天之神，恩利勒是风暴之神，恩基是大地之神，生育女神宁图是大地之神的另一个形态。可见灵性、神明的世界极大地影响着当时的人，因此，如果想让学生体会那时人类对宇宙的理解，《吉尔伽美什史诗》无疑是最生动的素材。

在我们国家，至少表面看来，埃及文明要比美索不达米亚文明更加广为人知。从外部来看，这是因为比起乌鲁克或者亚述，我们得说埃及文明的确以更好的状态被保存了下来。一方面，埃及更广泛地应用了石块，而不再是土坯；另一方面，干燥的沙漠也有助于保护许多物体不被损毁。但即便如此，我们今天看到金字塔的时候，还是应该不断地提醒自己：眼前所见的一切都只是一个辉煌文明的废墟。所以历史教学中有一点很重要，就是不要在介绍一个文明之前先去看它的遗迹。老师在进行任何展示之前，应该先给学生一个机会，让他们在自己的想象中重塑这个世界。我们很幸运，可以完全再现埃及最初的石砌建筑并探讨它的重要意义。这里指的是国王左塞尔在塞加拉的金字塔，这些用石块围砌起来的金字塔是对孟菲斯王室区域的仿制。除了在中心的阶梯金字塔之外，塞加拉地区就是仿照着那个由土坯、木材和篱笆修建的孟菲斯王宫，用石头做出的一个永久复制品。类似地，墓室里的壁画则描绘了埃及人日常生活的图景。

为了讲出埃及文明的成就，可以首先给学生描述这样一个图景：尼罗河流域的沃土，以及那里茂盛的植被和种类繁多的动物。在这样一片土地上，我们看到了人类的居所，山坡上的村庄围绕着硕果累累的河谷，一些大的村落由酋长管辖，或许还出现了君王。但是所有的建筑都是由土坯、木头和一捆捆芦苇搭建的。不久之后，就在这片土地上，国王建立了王国。左塞尔——在几位祖先之后——很可能是第一个真正统治了全国的国王。正是这位国王和他智慧的参赞伊姆霍特普，在没有任何前期铺垫的情况下开始实行石砌建筑，而且一开始就规模宏大、完美无缺，这就是塞加拉的金字塔。单是周围惊人的墙壁就有 10 米高、277 米宽、544 米长。这个地区还出土了第一个自由站立的法老雕像，以及许多埃及文字的浅浮雕和原始结构。左塞尔和伊姆霍特普也是真正建立起埃及王朝的人，他们前所未有地管理起王朝，并形成了接下来持续了 2000 年的埃及文明的根基——这一切的发生都是难以置信的。

大金字塔的建造也可以沿着这条线索一起讨论，单是金字塔石造基座的水平测量以及其四周的精密定向就已经超乎人们的想象，更不用说整个建筑工程！吉萨的大金字塔大概由 260 万块巨石组成，平均每块的重量大约 2.5 吨。在 20 年的时间里有多少人在这里劳作？他们靠吃什么维生？这里老师的任务是逐渐形成这些情景的图景：老师自己首先要形成这个图景，然后才能带给学生，让大家可以真正想象出一个高 146 米、底座宽 230 米、外表无比平滑的金字塔。

在介绍这些内容的同时，还应该进一步深入——从人类经验的角度看待这些建筑以及周围的环境。比如：想象一个埃及人，穿过大金字塔河谷神庙的游廊，走到这座死者神殿的脚下，恢宏的金字塔顷刻间跃入眼帘。为了能做到这一点，不论是学生还是老师，手边如果能有一本饶有趣味、真实可靠的书就再好不过了。比如弗兰克·泰希曼的《人与庙宇第一卷：埃及》，特别是在对埃及文明的解读上，这个非专业人士选择了一种随性的方式，没有用到大量的事实知识。泰希曼以古埃及文献的准确知识为基础，展现出这样一种视角：从古埃及人的思维出发，尽可能真实地还原这些知识的内涵，并对其进行解读。

单独去研究埃及的不同历史时期（古王国、衰退期、中王国、希克索斯人入侵期、新王国）没有什么意义。关于古王国只要讲到两点——文明的根基和基奥普斯修建的金字塔——就足够了。如果想在这里多花一些时间，也可以看一看当时的历法：一年时间的算法，根据尼罗河的泛洪计算丰收产量，等等。不过对于阿肯那吞这样的人物的讲解最好是留到九年级的艺术课，因为这位法老最杰出的成就是在艺术领域。如果提到图坦卡蒙，要记得说明他其实是最不重要的一位法老，因为他的陵墓是帝王谷各个陵墓里最小的一个。埃及文明的重要性其实在古王国的几个事件上已经体现得非常清楚，所以没有必要提到图坦卡蒙那短暂的命运。

过渡到希腊文明的时候，班级里应该被一种完全不同的气氛笼罩。埃及的辉煌成就、琐罗亚斯德的严苛教义以及超脱尘世的印度文明虽有些沉重，却各有令人叹为观止之处。讲到这些文明的时候，老师会注意到自己的理解也在一次次地接近极限，不断地被一种宏伟和庄严震撼。然而对于希腊文明，我们便开始用自己的方式理解了。这里有一个很关键的过渡，是柏拉图在《蒂迈欧篇》的对话中的暗示，书中克利梯阿斯记述了梭伦的一次埃及之旅。梭伦在拜访塞易斯城的时候，一位上了年纪的埃及祭司对他说："梭伦，哦，梭伦！你们这些希腊人总像个孩子，没有哪个希腊人能活到老的。""什么？这话是什么意思？"梭伦自然这样问道。"你们的灵魂都还年轻，因为你们不知道最远古的时候都发生过什么，你们还没有什么知识会随着时间变老……自古以来，你们那里，还有其他我们听说过的地方，不管发生过什么，都被这里的神庙书写并保存了下来。"说完这番话，这位年迈的埃及祭司便讲述了沉没的亚特兰蒂斯。这些讲述明显表明，在埃及仍有某种智慧和记忆是超越个体的。正是因为这个文明蕴含着超个体的智慧，伊姆霍特普和左塞尔这样的创造者才得以施展拳脚。

希腊文明是以思想发展为标志的。公元前 2700 年至公元前 2400 年，埃及文明刚一开始就达到了顶峰，而希腊文明则是从一个简单的开端，一直发展到公元前四五世纪才达到了巅峰时期。面对五年级的学生，重要的是通过最生动鲜活的人物和事件来阐明这个演变的过程。首先，教师可以参考一些神话来刻画早期的英雄：珀尔修斯、忒修斯、赫拉克勒斯等。这些神话中蕴含着许多思想的原型，我们无法对其视而不见。但有一个问题却不是绝对的，那就是这些欧洲文明的原型神话是包括在历史板块还是在其他情境下作为故事讲给学生。我们可以选择特洛伊战争作为这段历史的开头，同时还可以结合海因里希·施里曼的传记和研究，他以令人印象深刻的方式考证了为什么特洛伊神话在当今这个时代仍然广受欢迎。另一个很重要的人物就是奥德修斯，因为他生动地表现了后来盛行于希腊文化的理性力量。此外，《奥德赛》中也格外严谨地记录了荷马时期希腊人的生活，比如其中对于奥德修斯抵达菲埃克斯人国土的描述。这里还可以附带留意一下希腊人的生活和社会形式。教学的第二个阶段应该以斯巴达为主，我们要避免用抽象的语言讲述多利亚人的游荡，但是这个特点可以在讲到斯巴达人征服拉科尼亚时提及。斯巴达这一主题应该围绕着吕库古这个人物展开，这里必须让学生明白吕库古的法律是人类心智的产物。他所有的举措都是高度人为的，目的是终止事物的自然发展，这一点只要想想铁制货币和斯巴达教育便可见一斑了。第三个主题可以是奥林匹克运动会，这是希腊人最初为了表达对众神的崇敬而开展的一系列运动。

梭伦时期是雅典历史的开端，这里的展开与讲述吕库古类似——一个人为所有人制定法律。研究雅典民主从梭伦到克里斯提尼，再到伯里克利的整个发展过程，意义是不大的。我们应该把重点放在梭伦身上——他作为一个中间人起到的作用，以及他的多项举措——当然要在学生的理解范围内。此外，我们一定要强调梭伦身上所体现出的精神和态度。完成立法之后，梭伦向雅典人宣布自己要去各处游历，并要求人们宣誓，在他回来之前遵守他的法律。梭伦踏上了旅途，但再也没有回到雅典，他希望起作用的是法律，而不是哪一个人。

五年级的学生没有必要学习梭伦之后，譬如庇西特拉图的暴政或类似事件。不过对于希波战争的讨论是较容易进行的，对这场战争要强调的是：在两种世界观的斗争中展现出的文化史。参考希罗多德在《历史》第五卷开头的陈述，我们会注意到希腊人将自己的才智作为战争和政治的工具。爱奥尼亚首领叛乱，阿里斯塔格拉斯利用一张青铜做的世界地图说服本国的希腊人去帮助爱奥尼亚的希腊人。当时有一部地米斯托克利推崇的戏剧——《米利都的陷落》，这部剧的创作和演出就是为了以波斯人的危险警示雅典人，同时也用一套托词迫使希腊人投入萨拉米斯战争。对希腊人来说，波斯人不过是人多势众，而他们的暴君国王因为暴风雨摧毁了由他的舰队横跨海峡组成的浮桥，就荒唐地命令手下鞭打赫勒斯滂海峡。老师可以把地米斯托克利和阿里斯提德作为这个时期的两个核心人物。战胜波斯人之后，地米斯托克利的悲惨命运无疑也是希腊史中的重要内容：他遭到放逐后逃离希腊，最终死在了波斯国王的势力之下。

在教学的层面有一个很大的难点，那就是如何对伯里克利时期的雅典进行刻画，因为这个时期缺少易于表述的戏剧性事件。然而这却是古典戏剧达到顶峰的时期，是雅典卫城被重建的时期，是伟大的雕塑家出现的时期，是苏格拉底长大的时期，也是民主发展的关键时期——那时的雅典人民会在集市上讨论大事小情。绘画和水彩不失为一个好办法，画一幅雅典卫城或者帕特农神庙的画，可以让学生更好地理解这个时期；也可以尝试仿制一个雅典花瓶或是希腊雕塑，比如帕特农神庙的柱间壁；或者简述阿庇泰人和半人马的战斗，乃至绘制一幅地图，注明雅典和地中海世界的关联。接下来还有一些其他方法：可以试着从菲迪亚斯的角度逐渐呈现帕特农神庙，或者从一个成长中的少年的角度描述雅典的教育和生活。可以把希罗多德这个人物作为起点，他出生在哈利卡那索斯，是他的游历、他的调查、他的好奇心把他最终带到了雅典——就像在现实中发生的一样。

对于希腊史比较合适的总结是亚历山大大帝和他的老师亚里士多德，把伯罗奔尼撒战争和底比斯人占主导的时期省去。亚历山大这个人物很容易描述，传记资料也很多。这里的难点有两个。一是人们倾向于过于细致地讲述他的青少年时期，反而忽略了几场大的战役在版图上的贡献，而他的许多战役恰恰提供了一个对五年级学习进行回顾和总结的机会。所以比较合理的题材是：亚历山大在埃及、在美索不达米亚、在伊朗、在印度。二是对亚历山大的评价，对菲罗塔斯、帕曼纽、克利图斯的处死与他的性格不无关系，因此许多研究者声称腓力二世被刺杀也是由亚历山大所谋划，这也是不无道理的。老师可以通过描述亚里士多德对学生这种暴行的失望来化解这个问题。对亚历山大的人物评价还有另一个问题，那就是他作为希腊人对亚洲的征讨。老师应该注意到这个问题在当今学术界颇具争议：有人认为亚历山大建立的三十几座城市不过是他的军事基地，也有人认为他是把希腊文化带到蛮荒地区的传道者。但无论他的动机如何，亚历山大对世界史的重要影响在于他开启了希腊文明的广泛传播。

五年级参考书目

我有意保持以下书单的精简，尽可能提供容易找到的文献。书单里还包含了几本小册子，也有些有用的资料，不过文献作者并不赞同功利性地使用这些材料。

1. Andrae, Walter. *Das wiedererstandene Assur*. München, 1977. (2nd edition)

2. Arnold, Sir Edwin. *The Light of Asia*①. (The Life of Buddha).

3. Beckh, Hermann. *Buddha und seine Lehre*, 5th edition. Stuttgart, 1980.

4. Ceram, C.W. *Götter, Gräber und Gelehrte*②. Hamburg, 1949.

5. Herodotus. *Histories*③.

6. Jacobsen, Wilson Frankfort. *Dawning of the Giant*.

7. Kitto, H.D.F. *The Greeks*④.

8. Kramer, Samuel Noah. *Cradle of Civilization*. Time-Life Books.

9. Lauer, Jean-Philippe. *Saqqara*. Bergisch Gladbach, 1977.

10. Leonard, Jonathan N. *The First Farmers*. Time-Life Books (Emergence of Man Series).

11. Plutarch. *Lives*⑤.

12. Schliemann, Heinrich. *Autobiography*⑥.

---

① 埃德温·阿诺德爵士：《亚洲之光》。
② C. W. 策拉姆：《神祇、陵墓与学者》。
③ 希罗多德：《历史》。
④ H. D. F. 基托：《希腊人》。
⑤ 普鲁塔克：《名人传》。
⑥ 海因里希·施里曼：《自传》。

13. Schmökel, Hartmut. *Ur, Assur und Babylon*. Stuttgart o, J.

14. Teichmann, Frank. *Der Mensch und sein Tempel*. Bd. 1 Ägypten, Stuttgart, 1978.

15. Thucydides. *History of the Peloponnesian War*[①].

16. van Bemmelen, D.J. *Zarathustra*. Vrij Geestesleven. Zeist, 1968 (English), 2 Vols.

17. von Glasenapp, Helmut. *Die nichtchristlichen Religonen*. Fischer-Lexikon 1. Frankfurt, 1957.

18. Wilson, John A. "Agypten." *Propyläen Weltgeschichte Band 1*.

19. Wilson, John A. *The Culture of Ancient Egypt*. University of Chicago Press, 1957.

20. ——*Epic of Gilgamesh*. Various editions.[②]

---

① 修昔底德：《伯罗奔尼撒战争史》。
② 任意版本的《吉尔伽美什史诗》。

第六章　六年级

单从选题侧重点上就看得出来，六年级的历史课与五年级有本质上的区别。从这里开始，历史上的领先人物更多是作为某个组织的成员或者某个社会团体的倡导者而扬名，题材上也通常会表现出一种二元性——两个人物、两个组织、两种生命态度的相互抗衡，两个文化的崛起等：

罗马历史初期：罗慕路斯与雷穆斯；

阶级斗争期间：贵族与平民；

中世纪时期：阿拉伯人与法兰克人，皇帝与教皇，僧侣与骑士。

就这样，历史离开了奠定人类文明基础的高地，进入了人类冲突的维度。当然，这个规律并不是绝对的，但我们还是看到：即便是重新崛起的基督教也陷入了冲突——《使徒行传》的记载本身就存在意见分歧，后来则引申为教义上的争端以及罗马和拜占庭的冲突。所有这些现象皆体现出理知心的辩证性。

面对大量素材，教师一定要充分利用自己的理知心来做决定：如何筛选过量素材？相比其他年级，给六年级的选题格外需要制订一个整体计划，并严格执行。因为到第二个历史板块结束时，我们一定要讲到公元1400年，无论如何都不能把六年级的科目内容拖延到七年级。新学年开始的时候——就像一个新板块开始时一样——我们一不小心就会对某些事情进行事无巨细的详解，最后才惊讶地发现还有一半内容根本没讲。至于两个板块的分配，最好在第一个板块把罗马帝国、早期基督教和民族大迁徙的历史讲完——非常庞大繁杂的教学计划。第二个板块则从伊斯兰和阿拉伯世界开始,到查理曼大帝和德意志帝国,一直讲到中世纪中期。唯独在这里,我想给出如下的时间表建议,作为这两个板块的教学指导。

板块一

第一周　前三天:古罗马城的建立,以及直至公元前 510 年为止的七个国王;后三天:贵族与平民的斗争,以及因此诞生的法律和法规。

第二周　罗马和迦太基的战争(汉尼拔与西庇阿);格拉古兄弟和社会改革斗争;通过恺撒讲新政体的出现。

第三周　通过保罗讲基督教在罗马帝国的传播;最后三天:民族大迁徙过程中的匈奴人和哥特人,罗马帝国的衰落。

板块二

第一周　前半周:从穆罕默德和伊斯兰,到塔里克征服西班牙;后半周:查理·马特和法兰克,查理曼大帝和罗马帝国的复兴。

第二周　神圣罗马帝国的建立:亨利一世和奥托一世;修道院文化;克吕尼运动,皇帝与教皇的矛盾开端。

第三周　骑士精神、骑士团;东西方的碰撞;腓特烈二世(腓特烈大帝)和早期城镇文化;结尾争取讲到:历史的中心从地中海向欧洲西北部和中部的转移。

再次强调,这些仅仅是建议,不能作为教学准则。教师自己可以进行适当取舍,比如:我不讲罗马和迦太基的战争,也不讲格拉古兄弟和他们的社会改革，我认为应该多花些时间讲中世纪、方济会和汉萨同盟。这样的取舍在不来梅、汉堡和吕贝克其实是在所难免的，所以值得鼓励。唯一的教学准则是在开始历史板块之前真正做好计划，并尽可能有效地执行这个计划。

六年级开始时，史前历史以及古罗马的建立让我们再一次回到传说的世界。罗马历史是以神话为背景的，这从传说中就看得出来——神的孪生儿子遭人遗弃后，被一只母狼所救。雷穆斯因为蔑视神圣的城墙被杀，这件事也有特殊意义。新建立的城市成了邻近地区流浪者的避难所，这个城市只有经历战争和掠劫才有可能变得强大。七个国王的传说——尤其是努马·庞皮留斯和安库斯·马尔西乌斯——显露出当时民众生活是以何种方式规范的，也可见罗马共和国早期的历史重点就是"制订法律关系"。国王的角色由两个执政官所取代，二人共同议事，并且都具有否决权。阶级斗争可以用来讲解对简单社会形态的治理，因为这时的问题、形势和解决办法都是简单明了的：平民组成了一个誓约同盟，大批涌向圣山；马库斯·阿格里帕肩负的使命和他那个"四肢拒绝服务于胃"的著名寓言；因为设立了十个同样具有否决权的护民官，问题最终达成了和解。沿着这个类似的脉络，《十二铜表法》应运而生：这个成文法典的颁布让平等在法律面前成为可能。自公元前376年起，平民可以当选为执政官；前300年起，平民可以担任祭司；前287年起，公民的决策（公民投票法）开始对全体公民具有约束力。

对六年级学生来说，罗马法的条例既合乎情理，又易于理解，原因有几个方面：晋升体系①，共同执政原则（同僚之间关系和睦），公职一年任期制以及监察制度。另外，国家最高职位仅开放给那些能证明自己担任过财务官、市政官和裁判官的人；政务执行由监察官监管；除了独

---

① 译者注：晋升体系，拉丁文 Cursus honorum，意为"荣耀之路"。这是罗马共和国和罗马帝国初期时，有抱负的政治家们就任政府职位的次序。这个制度是为有元老身份的人而设的，晋升体系包含军队及政治行政职位。

裁官的任期是半年（一整个夏季的任命），其他官职都是一年；为了避免权力集中，每个职位至少由两个市民出任。所有这些事情皆有理可循，这个年纪的学生会从中获得深深的满足感。

第二部分的主题可以是：罗马精神造就了一个世界帝国，这个世界帝国却毁了罗马精神。这里的重中之重是文化史——农民出身的罗马人为了争夺经济霸权，投身到与迦太基人的战争中。取得胜利后，罗马就变了：泥瓦棚变成了大房屋，街道都被铺平；希腊文化和希腊奴隶一起进了城；农民文化消失了，随之消失的还有保卫房屋和农庄的罗马战士，取而代之的是唯利是图（军饷和战利品）的雇佣兵。公屋里住着依靠粮油救济过活的人、热衷于竞技场角斗表演的人。罗马这个世界级大都市的文化和政治局面可以透过恺撒这个人物来讲解。罗马成了一个井然有序的世界帝国中心，开启了此后 200 年的和平与繁荣：市中心的人行道上铺设起大理石，新建的水渠把高山淡水引入城市，有钱人享用着热水浴，穷人则满足于角斗场上的搏斗……罗马已亡。

基督教的传播对之后的整个历史进程都有举足轻重的影响，因此也应当包括在历史课中。使徒保罗的身上前所未有地结合了当时定义整个世界的三要素：犹太、希腊和罗马。这三个元素通过他融入了基督教的内在冲动。保罗的出身和宗教背景决定了他是犹太教的忠诚信徒；他在塔尔苏斯①长大，在受教育的过程中接触到希腊精神；他最后成了罗马公民——一个罗马帝国所有居民都不希望给他的合法身份。保罗从亚洲走到欧洲，在这个传教过程中，他把婴儿般的基督教从小小的犹太世界带进了古典文化，在以弗所、腓立比、塞萨洛尼基、雅典和科林斯，很可能也在罗马，他都建立了社群。这里的重点是讲清楚：这样一个新事物的萌芽，是如何植入古老的文明，植入最小的人类群体的。他孤身一人，肩负灵性和使命感建立的这些社群，后来经历过迫害和蔑视，甚至周遭

---

① 译者注：今土耳其南部城市。

文明的倾覆灭亡，依然历久不衰。

　　学生很难对民族大迁徙建立清晰的理解，这个主题与罗马帝国的衰落也有关联，日耳曼民族以及匈奴、拜占庭和罗马人都卷入了这个极端复杂的事件。或许西哥特人的故事是对这个事件最好的诠释，追随他们在民族大迁徙时期的命运，我们便离开了富饶的多瑙河北部地区，来到拜占庭的门口（公元387年），经过被征服和掠夺的罗马（公元410年），高卢和沙隆战役，最后到达西班牙——西哥特王国就在这里建立。西哥特人的发展轨迹很好地诠释了日耳曼人的性格：小村落聚居、农庄生活、服从于领主、刑律习俗……每一种生活方式都表达着个体对自由的追求。信徒自由地选择由谁引领自己，法律和公众事务方面的问题也通过自由讨论来解决。女性在日耳曼民族是受到尊敬的，女性祭司可以发挥极大的影响力。

　　如果说民族大迁徙发生前，罗马帝国还没有完全失控，那么此后的整个帝国机制已然土崩瓦解。道路交通毁坏严重，商业贸易瘫痪，城市人口流失，没有任何名副其实的国家机关仍在运行，古典时代的城邦世界已经被中世纪早期的农业社会取代。

　　课程计划中也不能忽略穆罕默德和伊斯兰，我们可以从穆罕默德开始讲——他的传记、愿景、先知身份和战斗。接下来的重点就是阐明伊斯兰教与基督教代表着完全不同的宗教生活。伊斯兰教没有圣餐和受戒的神职人员，最重要的修行是五项宗教功课①：表白对唯一真主及其使者穆罕默德的信仰；每日礼拜五次；在斋月的白昼封斋；行善济贫；到麦加朝觐。第二个学习重点可以是哈伦·拉希德统治时期阿拉伯帝国的文化成就，这里我们可以以巴格达的医院为例来研究。伊斯兰的艺术也是不容小觑的：这是没有肖像的艺术，阿尔汗布拉宫就是一个典范，阿巴斯清真寺和伊斯法罕清真大寺亦是如此。

---

　　① 译者注：伊斯兰教"五功"：念、礼、斋、课、朝。

不同于哥特人、汪达尔人、勃艮第人的是，法兰克人成为少数上层统治阶级后并未止步，而是作为一个民族继续向外扩张。因此，比起民族大迁徙时期建立的其他日耳曼王国，法兰克王国延续了几个世纪之久；也正是这样的法兰克人，在普瓦提埃战役中粉碎了阿拉伯人的攻击。不过在六年级，以上这些事件应当作为侧面内容来讲，以便把充足的时间留给查理曼大帝。查理曼大帝为西欧地区接下来的发展奠定了基础，正是由他所发起的卡洛林文艺复兴将日耳曼、基督教和古典世界逐渐综合起来，在之后的几个世纪中演变成了西方文化。这是一个不可思议的过程：在基督教的名义下，西欧和中欧的日耳曼部落被古典文化逐渐同化。这里的教学任务是真正呈现出这个文化复兴的过程。诚然，帝国的稳固和扩张的作用不容小觑，但如果没有一个经久不息的文化内核，帝国就会失去至关重要的活力。关于这位皇帝的图景也应该有所呈现：他的身旁聚集了那个时代最杰出的学者——比萨的彼得鲁斯、助祭保罗、奥尔良的狄奥多夫、阿尔古因；他推崇教育和精神关怀，成立并保护了修道院，这些修道院因为建起了葡萄园、果园和草药园而成为乡村环境的典范。在《庄园法典》中，查理曼下令每个皇室属地都必须有一个小草药园，种上艾草、曼德拉草、欧当归、鸢尾花、胡萝卜、鼠尾草、迷迭香和薄荷等多种植物。可见，查理曼大帝的关注超越了教育、神学、戒律和建筑，他的文化复兴还为乡村百姓树立起生活的典范。

德国历史的开始——国王亨利一世和皇帝奥托一世——也可以在这个框架内一起讨论：这个文化的趋同过程在法兰克王国的相关领域仍在进行。在六年级不需要特别阐述皇帝与教皇的斗争，但是它背后的推演——社会分化——还是值得一提的。这个推演过程指的是：修道院和神职人员先后获得了更大的独立性，并重拾修道的精神本质。为了心无旁骛地献身于自己的使命，神职人员开始了独身生活。修道院的院长开始在自由选举中产生，而这个职位的世俗影响力却已日渐式微。同一时期，农业发展获得了全新的推动力：轮铧犁逐渐在西欧和中欧被广泛应用，铁器的使用也更加频繁，马和牛一样也成了拉犁的役畜。在中世纪，常有氏族之间为正义而战，这种战争也要遵循一定的规则。有了上述的和平教令，每个星期的受难日——星期四、五、六、日——都被指定为和平日，这几天里斗争必须休止。这就给了人们更大的安全保障，尤其是农民、商人和工匠。道路交通的安全随之影响了修道运动，修道活动已经不再局限在少数几个修道院里。在皇帝的支持下，它在西欧和中欧逐渐站稳脚跟，最终遍及罗马。自此，皇帝和教皇的冲突就拉开了帷幕。

到这里为止，我们已经将德国的历史主题理出了一个年代顺序，然而还有一种可能性，就是将这个年代顺序隐含在更为重要的文化史当中。比如关于中世纪早期，学生如果能首先学着理解森林在当时的重要意义，那将是非常理想的。当时，漫无边际的森林是隐士和罪犯的隐居之地，它是荒凉和危险的。在欧洲许多地区，农民和骑士的职责之一即猎狼。起初，森林是公共财产，橡果养肥野猪，猎蜜者冒险深入森林去收获那令人垂涎的甜蜜。随着时间的推移，林地因为砍伐而不断退化，打猎成了领主的权利，公有土地也成了领主的财产。在森林里，民居发展为村庄，农民开始对土地进行二圃或三圃式轮作。不自由的农民在雇主手下服徭役，多少人憎恶地望向城堡高耸的围墙，想着那砖石间也是自己的血汗。中世纪时期有许多次民众起义，比如农民奋起反抗他们的领主亨利四世。而许多农民——尤其是在德国南部和法国——则庆幸自己能受到修道院改革后的统治者的庇佑，因为这里没有人凌驾于修道院之上监视他人为自己服务。修道院的僧侣不仅为农民自己的耕地提供保护和鼓励，还直接向民众布道——这在克吕尼和希尔绍改革之前是从未有过的——农民不仅学到了宗教信仰，更了解到广阔的世界正在发生什么。

中世纪修道院的平面图体现出：修道院既是自我封闭的世界，也是属于世人的世界。以圣加尔修道院为例：大教堂内部设有 15 个圣坛，供神父和僧侣一日数次进行颂歌或弥撒，以及日夜为生者与逝者祷告。除了图书馆、缮写室、院长室、回廊，还有许多其他建筑从属于这个修道院：朝圣者旅舍、客房、医院、学校，以及工匠的居所。另外就是所有的修道院经济建筑，从马厩、磨坊到面包房，还有医生、药剂师的居所以及草药种植园。就这样，随着圣本笃戒律的颁布，劳动和祈祷被结合到了一起。

正如修道院的和平一样，中世纪的城市也是一派和平的景象。和平意味着有保护和法律：城市由公民很好地保护着，城门有人把守；在城里，市场和度量也有法律和法规的保护。城市上空弥漫着自由的气息，这种自由在许多城市促成了自治政府。在科隆，当局分成了 22 个分支和公会，它们与过去的市议会一起选出新的议员，再由议员推选出两位任期一年的市长。议会决定了支出与收益、税收与盟约，乃至战争与和平。市长是城镇的对外代表，而对内，则由公会控制着商业品质和度量衡。通过这种自治政府的能力以及自由意识，科隆、斯特拉斯堡、巴塞尔以及许多这样的城市将自己从主教的管控中解放出来，成为新的律法、艺术和理性生活的摇篮。

六年级参考书目

罗马：最好的基础资料仍然是李维和普鲁塔克（见五年级），以下书目师生均可参考：

1. Brooks, Polly Schoyer and Walworth, Nancy Zinsser. *When the World was Rome*. J.B. Lippincott Co. New York.

2. Niederhäuser, Hans R. *Römische Sagen und Geschichten*. Stuttgart, 1980.

3. Oppermann, Heinz. *Caesar*. rororo Monographie 135.

4. Bleiken, Jochen. "Rom und Italien." *Propyläen Weltgeschichte*, Band 4 Berlin, 1963.

5. Hoffman, Wilhelm. "Roms Aufstieg zur Weltherrschaft." Ebenda

6. Heuss, Alfred. "Das Zeitalter der Revolutionen." Ebenda

7. Heyer, Karl. *Von der Atlantis bis Rom.* Breslau, 1939.

8. Häusler, Friedrich. *Weltenwille und Menschenziele in der Geschichte.* Dornach, 1961. Kapitel: "Historische Metamorphosen."

基督教：

9. Die Apostelgeschichte (The Acts According to the Apostles)[①].

10. Bock, Emil. *Caesaren und Apostel.* 5 überarbeitete Auflage, Stuttgart, 1978.

11. Bock, Emil. *Paulus.* Stuttgart, 1981.

中世纪：

12. Brooks, Polly Schoyer and Walworth, Nancy Zinsser. *The World of Walls.* J.B. Lippincott Co., New York.

13. Nitschke, August. "Frühe Christliche Reiche." In：*Propyläen Weltgeschichte* Band 5.

14. Braunfels, Wolfgang. *Karl der Grosse.*

15. Le Goff, Jacques. "Das Hochmittelalter." Band 11 der *Fischer Weltgeschichte*, Frankfurt, 1965.

16. Nette, Herbert. *Friedrich II von Hohenstaufen.* Reinbeck, 1975. rororo-mon. 222.

---

① 《使徒行传》。

第七章　七年级

在1919年关于课程大纲的讲座上,鲁道夫·施泰纳对于七年级历史的选题重点只用了这样一段话来阐述:"七年级的目标是让学生真正理解:随着15世纪的到来,人类开始过上了怎样的生活;之后再对欧洲等地的形势进行描述,一直讲到17世纪初期。这是极为重要的一个时期,比随后发生的事情更为重要,必须格外用心对待。"我们在六年级用两个板块讲了两个千年,而根据施泰纳的判断,七年级用同样的时间只能讲两到三个世纪。那么问题就是,该选择哪些话题来讨论呢?应该谈谈皇帝和国王吗?——西吉斯蒙德、腓特烈三世、马克西米利安和查理四世?还是帝国和议会的改革?抑或是其他更重要的主题?中世纪的问题和生活状态的后续发展显然无法解释近代史的特征,这时不同于以往之处首先体现在人类的重大发现和发明当中——瓦斯科·达·伽马、哥伦布、麦哲伦的大发现,古腾堡和他发明的印刷术,钟表的发展,火药的发明,以及磨坊和涡轮;它还体现在新的商业形式上,代表人物有雅克·科尔、雅各布·富格尔、韦尔瑟家族等;它更进一步地体现在——虽然有一定局限性——德意志的宗教改革上,其在政治上的表现即荷兰独立战争和英格兰大败西班牙无敌舰队。

有一个新的因素尤为重要,那就是人类与自己感官体验的关系不一样了。中世纪时,通过事物的感官现象联系到其象征意义是很平常的。比如说,受过教育的神学家都知道圣经中不同动物的典故,以及它们都出现在哪些预言中。所以一头野驴就不仅仅是一头野驴,当克雷莫纳的**鲁德普朗(Luidprandt)** 在拜占庭看到一头野驴时,他会想起希波吕托斯的话——"狮子和它的幼崽应该一起驱逐野驴",那么问题就是如何解读这句话。这和神迹是相似的,都代表着神的启示,理应被读懂并理解。这当然不是说中世纪的人不会冷静地查看野驴和狮子,或者在牲畜市场不知道如何判断动物的年龄、力气、体重和价值,只不过当时的人们针对事物的思维方式还不是单纯由感观印象决定的。

发生改变的也恰恰是这一点,看看近代最早的航线图就会发现,对于海岸线以及纬度的精准测量让单纯用物理形状制图成为可能,整个地球都覆盖在一个精密测量的网络当中。同样地,解剖学的精细剖析也给出了对于人体的精确描绘——包括每个器官的形状和位置。人类对于力和机械的操控与自己的理解力同步向前发展:人们学会在磨坊里利用风力和水力,学会测量船的航速,学会用日晷和沙漏计时,还学会制作机械钟表。如果想要更深入地研究这种看待事物的新角度,任何人都可以在列奥纳多·达·芬奇的作品中找到最为贴切并深刻的表达。达·芬奇的作品显示出当时普遍发生的意识转变:人类对实用、机械、技术的感知在增强,对惊奇和神圣的感知在削弱。

这就让我们看到了一个此前并未起到重大作用的因素——人类活动的经济层面。但即便是到了七年级,也不必过分强调这个因素。鲁道夫·施泰纳曾经提到,历史上各个时期的作用力是不尽相同的。有些时期,历史主要由灵性冲动所推动;也有些时期,历史由人类的法律关系所主导。不过在近代早期,经济对人类活动发挥了特殊的作用。这并不是说经济发展是完全独立的,或是纯粹的经济过程可以独立发挥作用,而是意味着经济思想可以激发人类动力,那些奠定了社会大趋势的人往往是有经济头脑的人。鲁道夫·施泰纳曾如此阐述:

> 如果我们在真相——而非幻象——的指引下研究历史事件,如果我们研究一下近代史发展初期,所有那些在宗教改革中经历了嬗变的事件,我们就必须得说:人口发展确实发生了巨大

的改变；在近代初期，各人口阶层也经历了迅速的转变。事实表明，在宗教改革之前与之后，西欧主要的土地所有者并不是同一群体。宗教改革前那些社会结构中最重要的人物在改革过程中失去了权势。宗教改革前，土地和房产的所有权对于教权的依赖程度是超出常人想象的。总的来说，教权是改革前一个非常重要的经济条件，土地所有者之所以拥有土地，很大程度上是因为他们拥有某种与教廷有关的权威。

如果我们不那么理想化地进行研究，而是更多地遵循事件的历史进程，便会发现宗教改革几乎在整个欧洲夺走了教廷的财产所有权，并把它交到了世俗统治者的手里。在当时以及后来的英格兰和德国就大抵是这样的情况。你们知道，后来在德国，许多地方领主是支持宗教改革的，但并不是所有地方都对路德或其他改革者热烈欢迎，客气地说，这里的主导动机是对教会财产的垂涎以及使这些财产脱离教会掌控的渴望。大量中世纪时期的教会财产都传递给了世俗统治者和地方领主。在英格兰，绝大多数土地所有者的土地都被征收，原土地所有者也移居到了美洲。大部分移居到美洲的人——昨天我们从另一个角度讨论了它真正的缘起是什么——就是这些土地被没收了的地主。因此在很大程度上，是经济条件引起了近代史发展上被普遍定义为宗教改革的历史变革。表面看来，事件是这样呈现的——人民宣称：一种新的精神必须注入人的灵魂；过去的教会统治将灵性与世俗联结得过紧了；人们必须找到一种更加灵性的方式与基督连接；等等。但是透过表面更加深入地看待这个问题便会发现，在财产权从教会转移到世俗所有者的过程中，发生了一次经济的转型。①

---

① 鲁道夫·施泰纳1919年10月12日讲座，收录于《基于社会科学知识的社会理解力》，多纳赫，1972：102-103。

这里的意思当然不是把鲁道夫·施泰纳上面这段话作为七年级教学的内容。对于教学内容的权衡其实在于：当我们讨论地理大发现时，是以祭司王约翰这个神秘人物为出发点，还是讨论自 14 世纪初开始，通往远东（蒙古路线）和东方的陆上商道即便没有完全被土耳其人和其他东方势力破坏，也在很大程度上遭到了封锁，抑或是谈谈欧洲的黄金储备流入东方。可见到了七年级，经济联系已经有事实为依据，这也是这个年龄段的孩子能够理解的内容。

另外，讲到这样的主题时还可以尝试不同的教学风格。有些话题可以在课堂上进行，比如提出这样的要求：尽可能列出发现美洲的所有必要前提条件。从这一点出发可以进行的讨论有造船、天文导航、指南针、地理知识和地图的发展，以此让学生自己得出这些前提条件都是什么，而老师的任务就是展示这些前提条件在历史上究竟是以何种形式出现的。在这个过程中，老师很可能会发现班上有些学生已经知道了一些关于齿轮发展、十字测天仪或者四分仪的知识，那么他们便可以将这些知识分享给全班。在讲到印刷术和钟表的发明时也可以用同样的方法。

总之，从地理大发现开始讲是很好的，这样学生在七年级一开始就能体会到近代史的新颖之处。尽管在学术上存在许多非议，而且葡萄牙人的成就也的确代表不了大发现时代的全面开始，但我们还是可以从亨利王子开始讲。这个人物的重要性在于，他是地理大发现背后的驱动力。他可以将经费用于尤其艰难的一段海上航路的开发，以便绕过撒哈拉沙漠。同时，这些一直延伸至赤道，最终到达好望角，一路通往印度的航行，也打破了中世纪人们的观念——认为南方尽是无人的地区和汹涌的大海。

讲到哥伦布发现美洲时，他的航海日志可以提供很有用的信息，另外我们还应该进一步探讨哥伦布后来的——也是悲剧的——命运。接下来可以讲对墨西哥或秘鲁的征服。不过这些话题终究都是关系到殖民主义的，为了寻求平衡，则可以讲讲巴托洛梅·德拉斯·卡萨斯的行动，他曾致力捍卫美洲印第安人的人道待遇、教育和教导。关于这个多明我会教士的一个关注点就是他的追随者与查理五世之间的斗争。此外，讲到哥伦布的航行时，还有几个话题是比较适合提及的：洋流、印加帝国、安第斯山，或是在讲到征服秘鲁时谈谈南美洲西部和太平洋东部的地理环境。

纵览15世纪历史，我们要考虑是否讨论圣女贞德；如果是的话，该如何讨论。如果考虑到贞德的后世影响——英国人被永久驱逐出法国，英国和法国从此发展为越来越独立的民族国家，可见圣女贞德的重要意义是不容忽视的。而且对七年级学生来说，理智地看待圣女贞德的一生并适当引用当代的资料是非常有益的。这位奥尔良少女的童年还可以很好地诠释中世纪晚期的农民和乡村生活，而对贞德的审判则可以用于讨论中世纪的司法以及对异教徒的处治。作为总结，我们可以探讨《皮基尼条约》，法国的路易十一从英格兰国王爱德华四世那里买来了法国的王座。

在这段政治史的插曲之后，印刷术的发明又带我们回到文化史。作为一个征候，这一发明就和地理大发现一样，并不是偶然发生的，而是一个长期、系统的努力结果。而且它不仅仅关系到印刷术这一项发明，用一个矩阵将一系列可移动的铅字排列起来，这个想法本身比印刷行为更具价值，而且这项发明也是有着严苛的前提条件的：铅字既不能太软也不能太硬，这就要求铅、锡、铋合金发展到恰当的程度；油墨需要既能附着在铅字上，又能在纸张上迅速干燥；还要有易吸墨的印刷纸可用。所以这项发明的意义和影响是离不开所有这些准备工作的，然而印刷术的发明者也与哥伦布有着相似的命运——他们都没能从自己的成就中收获应得的回报。

教师的任务就是让学生看到这项发明的影响，德国宗教革命的过程恰好可以起到这个作用。1517年10月底从威滕伯格传出的《九十五条论纲》，11月就已经在莱比锡被翻印，之后在纽伦堡被翻译成德文，在巴塞尔以书面形式出版。在古腾堡的发明之后，印刷艺术迅速传播，1500年左右，奥格斯堡已经出现了 20 家印刷厂，科隆有 21 家，威尼斯 151 家，其他 250 个欧洲城市共有大约 1120 家印刷厂。宗教改革大大地强化了人们对阅读的渴望以及对讨论的需求，自那时起，德语文献也开始被大量印刷：1518 年大概有 150 种，1521 年达到 620 种，到 1624 年已有大概 990 种德语出版物。

这里还有一个略显平淡的话题，就是德国资本主义的早期发展，而雅各布·富格尔就是一个值得一提的人物。富格尔家族靠纺织品发迹，1487 年涉足矿业。当时，富格尔家族贷款给蒂罗尔的西吉斯蒙德王子，作为担保，他们获得以低价收购施瓦茨地区出产的全部银矿与铜矿的权利，直至债务还清为止。很快，富格尔家族就掌握了越来越多的煤、铁、钢产业，并将生意扩大到匈牙利。来自皇室的贷款抵押得到了有效经营，富格尔家族自此成为欧洲最大的银行家。凭借如此资本，他们甚至决定了主教的任用以及神圣罗马帝国皇帝的人选。

印刷术和早期资本主义，这是宗教改革的两个重要因素。虽然七年级学生还不能完全领悟宗教改革时期的复杂冲突和宗教难题，但简要描述路德一生的作为和影响还是有必要的。最好是把这部分内容限定在 1525 年之前，尽量忽略掉接下来的纷乱，比如施马卡尔登同盟、神圣同盟。我们可以讲述路德如何在中世纪后期那个盲目笃信宗教的环境中长大，如何灵光一现决定成为一个修士，又是如何极度严肃地专注于忏悔，他的罗马之行以及接下来那些众所周知的大事件——张贴《论纲》，与厄克辩论，出席沃姆斯帝国议会直面皇帝，隐居瓦尔特堡，翻译《圣经》，返回威滕伯格与宗教狂热者对峙，最终在农民战争中站在了农民的对立面。关于所有这些事件，可以特别引用康拉德·费迪南德·梅耶尔[①]的精彩表达："他的精神是跨时代的战场。"即，路德不是我们所理解的"近代人"——他的身上集合了旧与新、中世纪与近代的痕迹。路德与茨温利在马尔堡的

[①] 译者注：康拉德·费迪南德·梅耶尔（Conrad Ferdinand Meyer, 1825—1898），瑞士诗人、历史作家。

宗教会谈就充分体现出他的这种历史地位。

通常历史课讲到这里，就会继续讲反宗教改革、耶稣会的创立、《奥格斯堡和约》，还可以包括加尔文和胡格诺战争。不过首先要知道，七年级学生很难"消化"这些宗教斗争；其次，这些问题在今天已被逐渐淡忘。另一方面，这里还有许多主题值得一提，却不易展开，其中之一便是帕拉塞尔苏斯——他致力于以经验和观察为基础的医药研究。另一主题就是对哥白尼世界观的捍卫——从哥白尼到乔尔丹诺·布鲁诺、开普勒、伽利略。不过，只有老师足够自信，能够真正生动地教学，才可以展开这些主题。尤其是帕拉塞尔苏斯的一生，他与传统和书本知识的戏剧化斗争，以及他的著名疗法，都可以是非常有趣的素材。这里的关键之处，也是困难之处在于，如何发展出对这个人的思维方式的理解。伽利略的人生其实是同样重要、戏剧化而且栩栩如生的，不过比起帕拉塞尔苏斯，他的人生更加矛盾重重。那么我们就要避免进行道德教化，一定要以易于学生理解为目标进行教学。

16世纪下半叶几场关系到未来的大战都发生在西欧。一方是腓力二世的西班牙，另一方是威廉·奥兰治带领的尼德兰和伊丽莎白一世时代的英格兰。在深入这些军事冲突之前，腓力二世统治下的西班牙还是值得描绘一番的：西班牙法庭的严格法案、埃斯科里亚尔建筑群、市政厅会议、腓力二世的个人风采，最后以这个国家的内部形势来完成整个图景——着重讲格拉纳达的摩尔人（摩里斯科人）问题：这是整个王国最繁荣的省份，有着大量的摩尔人口，然而摩尔人虽在60年前就已经皈依了基督教，但他们仍与基督教义格格不入，比起半岛上的西班牙人，他们与海峡另一边的摩尔人有着更多相似之处。所以当腓力二世禁止了阿拉伯语、阿拉伯书籍和摩尔人的传统，叛乱就爆发了，这是一场双方都奋不顾身的恶战，战争结果是格拉纳达全境的摩尔人都惨遭驱逐。就这样，欧洲最富有的地区之一变成了一片沙漠，但是摩尔人的问题并没有因为驱逐而得到解决。1609—1614年，他们被彻底清出西班牙，没有了摩尔人，西班牙失去了全国人口中最优秀的能工巧匠。尽管在殖民地还有大量金银，西班牙还是逐渐退化成了一个贫穷落后的国家，因为西班牙并没能留住金钱，而是在欧洲其他地区的宗教战争中花费殆尽。米格尔·德·塞万提斯的世界文学经典作品《唐·吉诃德》就描述了统治西班牙的骑士阶级的没落。

当我们踏足于尼德兰南部，便进入了一个完全不同的世界。在根特、布鲁日、安特卫普、布鲁塞尔以及许多其他城镇都生活着富裕阶层——商人、工匠、工厂主。当时的城镇都由贵族领导，其中最著名的是埃格蒙特和霍伦的伯爵。宗教裁判所最初引入尼德兰南部的时候，贵族阶层马上发起了大规模请愿，要求西班牙军队撤出尼德兰，并收回血腥赦令。下层阶级的工匠、农民、水手和平民都以自己的方式加入请愿，引发了声名狼藉的圣像破坏运动①。自此之后，阿尔巴公爵受托管辖尼德兰，后来的发展便广为人知了。这里的特殊征候便是富裕的尼德兰南部被击败，而更加贫穷和粗陋的荷兰地区在争取自由的持久战中显示出自己的意志——起初是在威廉·奥兰治的领导下。新的文化也是在这时崛起的，莱顿成了欧洲领先的大学，荷兰高度的宗教宽容吸引了无数重要学者。这里发展出的生活才代表了这个时代真正的精神，这也是我们透过伦勃朗的画作所了解的世界。

西班牙的另一个对手是英格兰，英格兰也在逐渐形成一个联邦政体，这给其中每个个体都带来了更大的机遇。英格兰下议院既有上流社会的代表，也有抱负远大的城镇代表。伊丽莎白知道如何与议会共同统治，她精简治国，信守对国民的承诺，不在英格兰设立常备军。征服了西班牙无敌舰队的英军舰队，只是在过去10年间为了应对与西班牙之间爆发的战争而建立的，它只有不到40艘小型敏捷战舰，不过这些船舰都是由经验丰富的水手、海盗和战士来掌舵的。而西班牙无敌舰队那130艘笨

---

① 译者注：加尔文主义暴徒捣毁天主教堂、破坏圣像和陈设的运动。

重的战舰则沿袭了中世纪时期的战略图景：西班牙船舰上的战士实际上是由骑士领导的陆军，只不过经历了一些在船上战斗的训练。西班牙人在集结大规模舰队的同时也牺牲了它的灵活性，而英国人则胜在自己的火炮和机动性。他们避免一切接近对方、让对方登船的危险。西班牙人还以为这是懦弱的表现——这表示英国人除了开枪和逃跑之外别无他法。

荷兰在独立战争中取胜后便开启了一个黄金时代，同时英国也在大败无敌舰队之后迎来了莎士比亚时代。或许这个"剧院现象"只是昙花一现，但是与其他娱乐活动不同的是，它受到了社会各个阶级的欢迎——每个星期大概有两万人走进萨瑟克区的剧院。

七年级参考书目

1. Bitterli, Urs. *Die Entdeckung und die Eroberung der Welt. Dokumente und Berichte*. Band 1: Amerika, Afrika. München, 1980. Band 2: Asien, Australien, Pazifik. München, 1981.
2. Brooks, Polly Schoyer and Walworth, Nancy Zinsser. *The World Awakes*. J. P. Lippincott. New York, 1962.
3. de Madariaga, Salvador. *Kolumbus*[①]. München, 1978.
4. Hale, John R. *The Age of Exploration*. 1966.
5. Kolumbus, Christoph. *Bordbuch*. Frankfurt, 1981.
6. Konetzke, Richard. "Uberseeische Entdeckungen und Eroberungen." *Propyläen Weltgeschichte*. Band 6.
7. Peschel, O. *Geschichte des Zeitalters der Entedeckungen*. Neudruck Berlin, 1968.

以下书目是关于航海大发现的，但只有少数几个章节值得参考：

---

① 萨尔瓦多·德·马达里亚加：《哥伦布传》。

8. Brion, M. *Die Medici*. Wiesbaden, 1970.

9. Harrer, Heinrich and Pleticha, Heinrich. *Entedeckungsgeschichte aus erster Hand*. Würzburg, 1968.

10. Herrmann, Paul. *7 Vorbei und 8 Verweht*. 10. Aufl. Hamburn, 1978.

11. Herrmann, Paul. *Das Grosse Buch der Entdeckungen*. Reutlingen, 1958.

12. Kaiser, Ernst. *Paracelsus*. Reinbeck, 1969.

13. Moeller, Bernd. *Deutschland im Zeitalter der Reformation*. Göttingen, 1977.

14. Nette, Herbert. *Jeanne d'Arc*. Reinbeck, 1977.

15. Presser, Helmut. *Johanes Gutenberg*. Reinbeck, 1968.

16. van Roosbroak, Robert. *Wilhelm van Oranien, der Rebell*. Göttingen, 1959.

17. von Pölnitz, G. Frhr. *Die Fugger*. 3. Aufl. Tübingen, 1970.

18. von Poturzyn, M. J. Krück. *Die Sendung des Mädchens Jeanne d'Arc*. Stuttgart, 1961.

第八章　八年级

"八年级的学年目标是把历史带到当下，但我们仍要重点将文化史贯穿始终。今天主流历史课上的大部分内容即便是讲，也只能作为题外话。对学生来说，比起篡改埃姆斯密电这等奇事，更重要的是学习蒸汽机、织布机等是如何改变世界的。"（1919年9月6日第一次课程大纲讲座）

如果想讲清楚工业革命是如何改变地球面貌的，那么首先就要描述一下工业化前夕——那时的世界几乎无法理解我们今天所定义的发展。经过几段人口增长期之后，随之而来的是霍乱、战争、饥荒，这些又导致了人口的削减。在城里，工匠组成了同业公会，这些公会认为从事同一行业的工坊就应该多多益善——每个工匠师父都想另起炉灶。以图宾根为例，1714年，那里有73个屠夫、54个鞋匠、46个裁缝、36个甜点师、26个黑麦面包师、21个麻布纺织工、20个桶匠、19个布匹商、18个马车夫、14个皮革匠、14个家具木工、12个理发师、9个锁匠、8个陶艺师、8个木匠、7个泥瓦匠、7个硝皮工（鞣制皮革的人）、7个修车工、6个铁匠，还有大约130个其他行业的工匠，包括纽扣、钉子、筛网制作者、染色工、马鞍工和穗带编织工，等等。当然，图宾根还有农民、酿酒师、园丁、猎人，以及学生、教师、士兵、警察、法官、抄写员，等等。那时还不存在针对陌生市场的产业，工匠们的活计大部分是按照订单完成的。

直到1800年以及之后的一段时间，公民的居住区仍是局限在城墙之内的，城墙即代表着一道限制发展的可见屏障，而除了可见屏障之外还有不可见的——除非坐落在主要通航河流附近，否则城镇的粮食补给只能取自周围的环境。陆地运输非常昂贵，所以除了严重饥荒等极端情况，人们根本负担不起远途运输粮食的成本。此外，当时的报纸发行量非常低，大多数公民并不知道外面的世界正发生着什么。

在图宾根登记的手工从业者中，一个钟表匠都没有，但当时的图宾根肯定已经有了钟表，显然为数并不多。不过有一点我们有必要反复强调：工业化前夕，世界虽然已不是田园诗境，但也还没有依赖钟表而运转。生活仍旧遵循着农场的作息，工匠们通常也有自己的农田或菜园，依时节而劳作，生活规律有序。

工业革命的发展是符合因果发展需求的，这场革命彻底改变了人类的生活条件，而它之所以起始于英国绝非偶然。一个首要的先决条件就是英国的矿产资源，尤其是非常接近地表的煤矿。同时，沿着奔宁山脉等地有许多可以运转水车的小型河道，而由于雨量充沛，水车也的确运转了起来。第二个先决条件是由英国的专利权满足的——1624年，英国议会就已经通过了一项法案以规范专利权，并防止以皇室之名滥用专利权；皇室可以为真正的发明和制造者授予21年专有使用权。另外一个先决条件是农耕法的进步，这让更少的劳动力有可能养活更多的人口。圈地运动的开始剥夺了无数小农的土地，这让大量人力成为后来工业革命中的劳动力。最后，清教徒的伦理道德也起到了不容忽视的作用，清教徒赋予时间的价值后来就发展成了"时间就是金钱"这句口号。在八年级，我们没有必要在细节上深究所有这些因素，不过还是可以有选择地提及的。

许多与发明有关的传奇故事实际上是对历史的篡改，比如：詹姆斯·瓦特发明蒸汽机的灵感并不是来自观察母亲的烧水壶，这与实际情况相差甚远。早在1711年，纽科门就已经造出了一台蒸汽机，当时的用途是在煤矿开采时抽除矿井里的水。这台机器同时也消耗了大量的煤，因为每一次抽水都是由汽缸的冷却触发的。詹姆斯·瓦特在21岁时作为一个机械修理工进入了爱丁堡大学，在那里他受托修理一台纽科门蒸汽机。经过长时间研究，他在一个星期天散步时终于茅塞顿开，打算将进行冷却工作的冷凝器与气缸分开。那是1765年5月，但他直到1769年才获得了专利。而直到1776年，即美国颁布《独立宣言》的同年，瓦特制造的两台新式蒸汽机才终于投入使用。当时只造了两台并不是因为需求不足，而是因为瓦特只是一个贫穷的修理工，他需要一个合伙人来将蒸汽机投入实际生产。这绝非易事，我们都知道他最初与卡伦钢铁厂的老板约翰·罗巴克合作的尝试是以失败告终，之后才出现了瓦特和博尔顿（伯明翰附近索和工厂的领先制造商）之间的经典合作。但后来也并不是一帆风顺的，因为冷凝器上需要非常精密和稳定的汽缸和活塞。因此直到约翰·威尔金森在1774年为了生产火炮而发明了一个无聊的新机器，蒸汽机的生产才真正开始。在这一时期，瓦特和博尔顿总共生产了496台精度极高的蒸汽机，其中有一些的使用寿命甚至达到了120年。之所以对这项发明的发展历程进行如此细致的描述，是因为在我看来，这样的现实比那些传奇故事更加真实。真实的故事能告诉我们，新的发明都是在伟大的社会背景下产生的，而伟大的发明尤其需要大量的准备工作和许多人的精诚合作。

这个主题的第二个重点在于每项发明的社会影响，纺织业可以作为一个非常好的例子。1733年，约翰·凯发明了飞梭，这个装置可以在速度翻倍的情况下织出更宽的布。当时纺织品的需求量也在增加，所以并没有出现人们所担忧的失业问题。不过纺纱工的工作却很难满足纱线的需求量，纺纱工厂的日工作时长甚至需要延长到15个小时。当时一个织布工的纱线需求量相当于8~10个纺纱工的工作，所以1751年，伦敦皇家学会专门设立一个新发明奖项——"能够由一人操作，并同时纺六根绵、麻或亚麻线的最佳机器发明奖"。但直到1764年，这样一台机器才首次由詹姆斯·哈格里夫斯造了出来，上面装备了8个纺锤。不久之后，阿克莱特造出了一台改良纺纱机，可以把更多纱线更结实地缠在一起。这时英国已经可以生产纯棉布料，后来阿克莱特在克罗姆福德创办了第一家可以称得上工厂的纺纱厂。纺纱机很快被再次改良，一台机器便可以纺 20~50 根线。后来仍是阿克莱特，首次用蒸汽机替代了传统的磨坊，让纺纱过程不再依赖于不均匀的流水动力。

纺纱机、蒸汽机、织布机等机器的使用让工厂真正发展起来，机器或支持、或取代了人工劳力和技术，不过直到 1805 年，织布机才真正取代了手摇纺车。工厂的发展产生了极其重要的社会影响，在工厂出现前，除制造、采矿和搬运等行业之外，几乎所有的工作都是在家完成的。家就是生活、工作、抚养孩子、赡养老人的地方，甚至还是仓库。正如奥托·布鲁纳所说，老式的欧洲房屋容纳着一种不可分割的生活。这一点我们可以很生动地描述：就像农民的家里既饲养牲畜，也贮藏食物、谷物和其他物资一样，每个工匠的家里则有自己的作坊，通常也会有菜园和一些家畜。生活用品储藏在地下室；一楼是厨房、客厅和作坊，屋外的院子或棚屋里养着鸡，或许还有几只猪和羊；楼上则是一家老小的卧室。屋檐下堆着稻草和秸秆，每个家庭在城外也有一小片地，一般是一小片牧场或者农田。那时，孩子在成长过程中是必须工作的，他们很快就学会帮父母做各种家务。教育不是通过语言，而是由榜样在工作中传授。如果祖父母还在世，他们也会全然参与家庭工作，他们照看小孩子，在女人生孩子、坐月子时给予帮助和指点。就这样，整个人生都是看得见的——出生和死亡、工作和劳碌都近在每个人的眼前。然而这并不是什么田园诗般的生活，我们必须知道：在 1750 年前后，60%~70% 的孩子在 5 岁生日之前就已夭折；人们在春天几乎吃不到新鲜的食物；生活用水都是从井里抽来或是打来的；需要燃料就得去收集柴火，连照明也是一种奢侈。

然而工厂的出现开始将家庭和工作分开。为了让工人住到最近的街区，工厂附近很快建起了最初的工人住房。通常都是整个家庭住在一间房里，里面有一个炉子、一两张床、一张桌子和一些长凳。所有能干活的人都进了工厂——男人、女人、小孩，但是这种机械式的工作却丧失了从前那种完整的生活图景。直到19世纪后半叶，工业化早期的穷困生活才明显好转。渐渐地，童工终于回到了学校。在德国，保险业起源于1880年代，此后衰老、疾病和残障问题也终于得到了缓解。

棉花需求量的增长导致了一个全然相反的结果：当时棉花主要在美国南部种植，由于棉花需要脱籽，这项工作需要极高强度的人工劳动，一个女性工人一整天才能清理出一磅棉花。当时并没有足够的黑人奴隶，于是这种清理程序导致棉花供给量达到了瓶颈。直到1793年，伊莱·惠特尼成功发明出了一台运行良好的轧棉机，这台机器由人工操作，每天能产出50磅棉花。1791—1803年，棉花产量从19万包增长至4100万包。而更大的棉花种植需求则意味着更多的黑人奴隶需求——后来直至1807年，大批非洲黑人被运送到美国。

由于拿破仑战争爆发，1800年之后英国无法再向欧洲出口棉花制品，于是便开始寻找新的市场——棉布不仅被便宜地卖到了非洲，也开始向印度出口。当时印度已经是英属殖民地，根本无法抵制英国的进口，结果导致印度本地的棉纺织工业走向末路，此后印度的棉花加工就局限在乡村的家庭作坊里了。拿破仑战争结束后，英国纺织品在欧洲大陆找到了市场，英国的产品和当时崭露头角的德国纺织品甚至导致了西里西亚纺织工人的悲惨境遇，戈哈特·豪普特曼的剧作《织工》描述的就是当时的情境。

从工业发展史的这些例子中可以看出，这个由机器改变世界的过程不仅前期需要充分的先决条件，后期也造成了诸多影响，整个过程错综复杂，根本无法用线性思维来理解。比如以上讨论就没有提到纺织业的迅速增长对于运输和机械制造业的影响，后者又转而推动了钢铁产业的发展，而所有这些都极大地促进了煤矿的开采。

到了八年级，我们仍要面对教学内容的选择问题，某项综合发明的社会意义和影响可以作为一个合理的选择标准，也就是说，讲完工业革命的初始阶段之后，我们可以有以下选择：

运输革命

电力及其应用

化学或医学

讲了所有这些复杂的创新和发明，还有一点很重要的就是要真正明白它们对人类社会生活的深远影响。那么，我们在讲到发明铁路的影响时就不应该再用老一套的说辞："在发明铁路以前，一个人从巴塞尔走到汉堡需要 30 天时间，这是在他每天走 30 千米，其间休息 3 天的情况下；但是今天，同样的路程搭乘城际火车只需要 8 个小时。"我们应当强调的是：铁路建设是整个工业革命过程中最重要的强心针。1860—1900 年，德意志帝国总共铺设了 4 万千米铁路。首先，这意味着钢铁和煤矿产业经历了前所未有的蓬勃发展（煤产量从 1860 年的 1230 万吨增长至 1900 年的 1.09 亿吨）。同时，铁路修建还带来了新的技能需求：隧道、桥梁和堤坝建设，信令系统发展，莫尔斯电码的应用，以及火车头和各式轨道车辆的制造，这些工作在几十年中支持了数百万人的生计。有一些例子——比如戈特哈德铁路隧道的修建——可以表明在那些年中人类取得了怎样的成就。另外，这些伟大事业超越了任何个人的投资能力，因此便出现了股份公司以及发行股票的银行，股票交易的重要性也日益增长起来。

另一个决定性因素则集合了现代运输方式的共同作用：此前，商品只能在适宜条件下运输，而蒸汽轮船和铁路的出现则让大规模货运成为可能。加拿大和阿根廷的小麦可以经由铁路运往主要港口，再从港口运往欧洲。除了小麦等粮食、烟草、可可、糖、橡胶、含油的果实和种子、矿石和贵重木材等都可以以很低的成本运送到工业国家的仓库里，这些国家再把工业设备和产品输送给偏远国家。世界贸易应运而生，这让那些本来毫无开放机会的地区也成了触手可及之地——西伯利亚、加拿大中部、美国中西部。

时势造英雄，这一时期的英雄则是企业家们。在德国，布罗西希、克虏伯和哈尔科特这几个名字尤其值得一提，他们的个人传记就代表了企业发展的历程，他们的成功就代表了工业的成功。但人们却往往忽略了工业化初期曾有多少相似的事业是以失败告终。成功绝不仅仅得益于资本家的任性妄为，而是许多个体的工作、努力、审慎和开创精神累积而成的。我们应该带着这样的理解去学习布罗西希或者哈尔科特的传记，首先从积极的角度看待这个发展历程。之后在描述工业化早期人们的生活和工作环境时，可以适当对当时的社会环境进行评判。

就这样，19世纪的技术进步为整个德国奠定了一个运行良好的交通网络，这个网络随后成为城市化发展的重要基础，这一点从城市人口上便不难看出：1850年柏林有41.9万人口，1900年增长至188.9万；1850年汉诺威有2.9万人（汉诺威并不在主要河流沿岸），1900年增长至26.3万人。

工业革命彻底改变了这些城市的生活环境，大量人口开始居住在狭小的生活空间里，民宅、工人住房，甚至富人居住区也一样，都发展出这种越来越密集的特征。不过不同于20世纪的是，科技在19世纪还没有普及到千家万户。在1890年乃至1900年以前几乎是没有电气照明的；设施优良的住房会有自来水、壁炉和火炉；家用电器——冰箱、电炉、洗衣机、中央暖气、电话等是根本没有的；洗浴设施也很稀有，今天我们习以为常的日化用品——洗衣粉、洗涤剂、化妆品等——在许多家庭也是极其少见甚至根本没有的。简言之，工业革命主要是影响着更大的范围：它创建了城市、工厂、码头、运河、铁路、火车站、矿井和高炉，却还没有为百姓的生活带来多少便捷，没有今天的各种家务、娱乐电器，更没有汽车。和城市家庭一样，工业和技术也还没有普及到农场和村庄。当然，大约每十英里的范围内已经有了一个火车站，许多地方也已经用起了打谷和割草的机器、改良的犁耙和翻晒机，在美国甚至还有了联合收割机，不过这种机器就和稀罕的蒸汽引犁一样，只能在大面积的耕地上应用。所以1900年前后的农场生活和工作是更接近1820年，而不是

1980 年的状态的。事先把这样的"平衡表"列出来可以更好地突出后来由电力技术、化学和物理学，以及建筑革新、石油和天然气所带来的改变。

对于所有这些发明，我们需要区分出发明本身，以及它的后续发展阶段、实际生产阶段和最终的应用阶段。电力的应用就是从电报开始的，电报技术使用的低压电流是从原电池中的化学反应获得的。1831 年，迈克尔·法拉第在电磁感应方面的发现为发电机的生产奠定了适当的经济和技术基础。在德国，西门子公司引领了这一技术的发展，早在 1847 年，当时还是炮兵军官的维尔纳·西门子就架起了从柏林到波茨坦的电报线路。1849 年，他离开部队，和机械师哈尔斯克一起创办了西门子-哈尔斯克电报机制造公司。西门子的第一项重要发明是利用古塔胶包裹而成的无缝绝缘电报线路，公司很快接到了大量订单，其中就包括 1860 年前夕铺设好的圣彼得堡-莫斯科-克里米亚电报线路。然而这里最重要的发展其实是机器将机械能转化为电能的技术：1856 年出现了第一台梭形电枢，后来在 1866 年出现了基于发电机原理的直流电机，直到这时法拉第的发现才有了应用价值。

也正是在这时，托马斯·爱迪生才有可能根据西门子的发明，成为第一个利用蒸汽机发电的人，并基于这个原理建起了第一座发电厂。爱迪生还发明了碳丝灯（白炽灯）、电灯开关和保险丝，以及达到生产标准的电能表。在奥斯卡·冯·米勒解决了电力传输问题之后——1891 年，他在内卡河畔的劳芬和法兰克福之间第一次铺设起电线，长达 179 千米——电动机发展迎来了全盛时期。电力网络开始提供经济实惠的能源形式，而且不仅是大规模公司，那些负担不起蒸汽机的小型企业和手工作坊也很快应用起电动机。这里还有很多例子可以表明电力是如何进一步促进技术应用的，各种不同的应用形式首先是零星分布在全国各地，1900 年之后便愈发普及，甚至出现在生活的细枝末节当中。

托马斯·爱迪生的传记是非常值得在八年级学习的内容，他的一生不仅代表了个人的自力更生和非凡成就，还代表着1880年以前的系统性研究和发明的发展史，以及同样的发明研究是如何同时发生在不同地方的（比如斯旺和爱迪生都研究出了白炽灯）。因此我们始终应该清楚的是，法拉第、西门子、爱迪生等人的发明绝不是误打误撞，而是目标明确、条理清晰、精益求精的努力结果。

此外，我们还有充分的理由选择几个19世纪医学发展史上的人物来讲。一方面，医学发展帮助当时的人们抵御流行性疾病，降低婴儿死亡率，并延长了人类寿命，这些人口因素都有着举足轻重的作用。另一方面，我们有必要学习社会发展过程中的人道主义初衷和情怀。时下有一个趋势是盲目地赞颂马车时代而贬损现代科技，这种心态在八年级一定要避免。另外，八年级学生很难完全理解19世纪的医学发展，在这种情况下，我们可能需要选择一两个现代医学或医院发展史上的重要人物，比如罗伯特·科赫就可以作为相关研究的代表人物。而既然选择了科赫，那么巴斯德的贡献也值得一提，这样便能对这些发展的社会背景有大体上的了解。学习微生物的重要作用可以引出新的卫生学概念，而从老式医院基础上发展出来的现代医院则将许多卫生学的新方法沿用至今——X光机、手术室以及各种形式的麻醉法。

现代医学，尤其是药剂学离不开现代化学的发展。19世纪早期，化学是为了给纺织业提供原料而发展起来的：使用尼古拉斯·勒布朗的方法制成的苏打起初主要是用来清洗棉纺织品的，氯是用来做漂白剂的，而染料工业最初也是服务于纺织品贸易的。巴斯夫公司①在这个时期就是一个响当当的名字。很快，在尤斯图斯·冯·李比希的重要影响下，农业化学的发展便与染料业并驾齐驱了，硫酸铵、硝酸钾、硝酸钙、钾盐等产品开始大量生产并应用于农业，最终让20世纪成为合成材料的时代——从人造树脂、玻璃纸开始，到尼龙、贝纶等人造纤维，一直到数

---

① 译者注：BASF（Badische Anilin und Soda Fabrik），巴登苯胺苏打厂，德国的化工企业，也是世界最大的化工厂之一。

不清的人造香料、清漆、塑料等制品。在这个话题上没有讲述传记的必要，可以借这个机会让全班同学去统计我们日常生活中的化学制品并追溯它们的源头。

以上这些与工业革命相关的主题，其实还缺少相当一部分名气或大或小的发明，比如汽车、飞机、收音机和电视机，更不用说水泥产业、新式印刷技术（轮转印刷、平版印刷）、石油产业和计算机业了，而对于武装技术我们也是只字未提。事实上有许多领域是学生很容易在校外了解到的，比如从阅读或者家庭环境中，因此这些缺失的部分可以在最后总结时由学生补充。总之，不论我们选择哪些发明作为范例，最重要的是让学生真正学到一些它们的意义和影响。

技术发展下的社会形势

前面谈到纺织业和铁路系统时，我们提到了工业发展同期的社会形势，即城市化带来的社会困境——欧洲传统大家庭那种自给自足的状态被打破。在德国，这种社会困境一直持续到 1900—1905 年，并在 1929 年的全球经济危机中再次出现。《德国社会史》[①]第一、二卷对当时的社会形势有惊人的记载。不过随着时间推移，有一项社会进步越来越明显，那就是工作时长。19 世纪中期，每个工作日的工时往往超过 12 个小时，这个时间逐渐缩短到 1910 年前后的日均 9 小时，到了 1918 年则限制到每天 8 小时，每周 48 小时的工作时长。今天这个数字变成 40 小时，而且与那时相比，我们还要把假期计算在内，可以说现在每周的工作时间为 36 小时。这就意味着自每周 72 工时的 1850 年至今，平均工作时间已经减半。1850—1910 年，有些地区和行业的周薪却翻了 3~4 倍。类似地，1950—1964 年，人们的实际工资也涨了一倍。如果我们对比 1913—1914

---

① 译者注：*Deutsche Sozialgeschichte*，见参考书目 10、11。

年和 1976 年的总时薪的话，变化更是翻天覆地——以 1970 年的工资为 100%，那么 1913 年仅为 8.1%，而 1976 年则是 168.8%——总工资涨了 20 倍。

这些数据反映出大众的富裕。而一个富裕的社会就不仅需要消费高品质的日常用品，还需要高品质的衣服和鞋子。从前，贫困阶层的孩子冬天还穿着木屐，夏天就干脆光脚，即便到了 1936 年，许多孩子也只拥有一双鞋子。衣服也是一样，就算是小资产阶级（下层中产阶级），各种衣服也至少穿过几年才能换新的。当然，1910 年之前也没有寿命较长的商品，比如汽车、电视机、电器等。更重要的是住房条件，拿 1976 年的联邦德国来说，当时差不多有 2400 万住房，平均每户住房有 4.2 个房间，居住 2.5 个人。最后，为了更好地了解大众的富裕情况，我们还要看向公共服务的各个方面（比如社会治安）。这种繁荣从大街小巷开始，遍及照明和操场，最终覆盖到公共浴池和社会福利机构。

就这样，工业革命的第一阶段（原始资本积累造成社会贫穷）到 1910 年已经由另一个阶段所取代，工业化国家的物质生活条件有了明显的提升；到 1950 年，甚至可以说实现了普遍富裕。不过工业主义在多大程度上导致了第三世界的贫穷和困苦却不是一两句话能说清楚的。现代医学的确是人口增长的一个决定性因素，而人口增长也是第三世界所面临的一个主要问题；现代化机械的应用也的确破坏了过去传统的、生态的生产方式。另一方面就是现代化技术被显著应用的地区，以中国为例，技术不仅提升了社会生活标准，甚至可以说，如果没有这样的技术发展，中国几乎无法养活爆发式增长的人口。一般来说，第三世界的问题往往来自其政治环境，而可以肯定的是，此前的殖民势力跟这些问题也脱不了干系。

现代化技术最关键的影响其实在于另一个方面。站在社会立场，我们看到过去的社会分化形式逐渐过渡为明确的社会阶级，并决定了人的出身，而当今社会则更多根据职能系统来划分。从前有一个社会上流阶级是讲拉丁语或法语的，今天则有不同的社会群体精通计算机语言、研究化工生产、专长工程领域等。不仅技术性职业有了这种专业职能的划分，管理也出现了不同的方面——保险、银行、社会事业、法律机构等，都需要专业的思维方式。虽然从前的几个世纪里也有所谓的"专业人士"，但是今天的专业领域却是各有各的"基础科学"，专业人士在成名之前必须学习特定的知识体系。要是换作从前，只要悉心观察生产过程就有可能看懂（虽然不能成为专家）许多专业性工作。

这个结果直接导致了接下来的第二个影响：今天的技术装备和实施、工厂和生产工艺都隐藏了其内部和中间工作——我们看不到整个生产过程。因此，技术工艺对外行来说就是无法理解的。而且，正如技术工艺本身蒙蔽了我们的眼睛一样，技术还有意让我们离自然越来越远。当我们驾车行驶在柏油马路上时，走在大城市的商业区时，将电视作为消遣娱乐时，或者在现代化诊所里看病时，自己都在很大程度上与自然隔绝开了。越来越少有人真正了解这个孕育了自己的世界，就像商店里已经为顾客包装完好的商品一样，它的源头无迹可寻。我们有随时可以享用的灯光和供暖、用水和制冷，却并不知道它们从哪里来。

这又引出了工业革命带来的第三个巨大变革：从前，大部分家庭在很大程度上都能自给自足，他们有自己的水井、菜园、耕地和牲畜；过冬的食品提前储藏在地窖里，柴火堆积在院子里。总之，人们在很长一段时间里都这样赡养和照顾自己。而到了今天，要是电力或者燃料突然被切断，哪怕两个星期也会让我们束手无策，不论对于个体家庭还是整个世界的运行，结果一定是灾难性的。工业不仅为社会创造了超过半数的就业率，也同时供养着工业领域之外的所有人。

在八年级历史课上，工业革命这三方面的影响还不应该用来评论文化发展。我们应该把事物的两面都呈现出来：专业化在实现非凡生产成就的同时也导致了社会阶级分化；技术在带来的便捷的同时需要将过程隐藏起来；技术在提高生活标准的同时也让人产生依赖……我们应该清晰、平衡地列举以上这些优点和缺点。时下流行的对于技术的片面批评在大部分情况下是不诚实的，因为毫无疑问，这些评论家本身也要享用技术和工业进步的成果。即便是读一本书，我们也从印刷术发展、纸张生产和运输书本的交通系统中受益了。而今天的孩子和年轻人直到 18 岁之前都可以在学校读书，这正是因为社会不再迫切需要他们的劳动力。

八年级参考书目

对于工业化问题获得更透彻的理解：

1. Hardmeyer, Jakob. *Die Gotthardbahn.* Zürich, 1979.

2. Häusler, Friedrich. *Brot und Wein——Stoff und Geist in der Wirtschaft.* 2. Aufl. Stuttgart, 1972.

3. Josephson, Matthew. *Thomas Alva Edison.*

4. Kohl, Werner. *Die Feuermaschine.* Heusenstamm, 1973.

5. Peirson, Kurt. *Borsig——ein Name geht um die Welt.* Berlin.

6. Rübberdt, Rudolf. *Geschichte der Industrialisierung.* München, 1972.

7. Schröder, Ernst. *Krupp.* Göttingen, 1957.

8. von Weiher, Sigfrid. *Werner von Siemens.* Göttingen, 1970.

关于发明的：

9. Gaebert, Hans W. *Der Grosse Augenblick in der Technik.* Bayreuth, 1971.

有用的原始参考资料：

10. Pöls, Werner. *Deutsche Sozialgeschichte.* Dokumente und Skizzen, Band 1 1815－1870. München, 1973.

11. Ritter, G. A. and Kocha, J. *Deutsche Sozialgeschichte.* Band 2, 1870—1914. München, 1977.

12. Treue, W., Pönike, H., and Manegold, K. H. *Quellen zur Geschichte der industriellen Revolution.* Göttingen, 1966.

第九章　九年级

九年级的任务是再一次学习从近代到当代的历史发展，但将重点放在不同时期的思想、内在动机和大趋势上。为了让学生更全面地学习这些大趋势，施泰纳针对每个世纪给出了一些综合性选题建议：

15、16世纪：人类眼界的开阔及其影响；

17世纪：旧式社会关系的瓦解和新式政治关系的形成；

18世纪：启蒙运动的历史作用；

19世纪：各民族历史的汇合。

今天的历史教师还需要补充对于20世纪史的概述，这样才能把历史带到当下。那么相应地，对前面几个世纪的回顾就有必要简短一些。

15、16世纪人类眼界的开阔意味着人对世界的全新认识——中世纪的世界观具有一种宗教和神秘色彩：地球是平的，而且是世间万物的中心，耶路撒冷则是这个中心的中心；世界的边界在遥不可及的未知之境，南方是沸腾的海水，北方是冰封的险境，西方则是被大洋阻隔的世界尽头。后来不仅航海发现证明了地球是圆的，哥白尼学说也表明地球只是围绕太阳旋转的一个小型行星，就连地图也可以画得出整个世界了。解剖学揭开了人体内部的奥秘，印刷术让所有这些知识迅速传播。人类就这样形成了一个世俗化的世界观，并意识到自己是可以在这个世界中自由活动的。这种在空间中——不再被占满的空间——自由活动的意识即后来自由意识的前兆。

在这个时代的末尾，人类对于自己在这个世界中身居何位的认知非常清晰地表露在塞万提斯(《堂·吉诃德》)、莎士比亚(《哈姆雷特》)、乔尔丹诺·布鲁诺和培根的著作中。中世纪的精神世界、旧秩序、骑士制度都走向消亡,人类面对着一个全新的世界,过去那些角色在这个新的世界舞台上显得荒诞不经。随着《哈姆雷特》的问世,人们开始感到这世界"脱了臼",新的秩序亟待出现。培根主张用经验论来探索世界;伽利略、开普勒和牛顿在接下来的一个世纪里开创了新的秩序,告诉人们如何认识这个自己身处的世界。浮现在政治领域的问题则是国家和社会应该如何有序运转,于是这一时期便出现了对于乌托邦的典型描写——托马斯·莫尔、托马斯·康帕内拉、培根。同时期,让·博丹①也起草了他的国家学说:世人皆知旧秩序不复存在,新秩序势在必行——一个可以由人来制订、打造、思忖的秩序。

到了下一个世纪(17世纪),各地都开始尝试创建全新的政治制度。1620年搭乘五月花号离开了旧世界的侨民到达科德角之后,签署了著名的《五月花号公约》,自主结成一个"政体",旨在制定自己的法律并依法治理自己的事务。这种新的精神在建立宾夕法尼亚时变得更加明确,威廉·佩恩在写给宾夕法尼亚的第一批定居者的信中说:"你们将受到自己所制订的法律的管辖,并将成为一个自由的——如果你们愿意——勤劳的民族。"这种精神甚至在后来费城的建设规划上仍有体现。

如果旧的封建制度尚存,那么新政治制度的建立势必面临更大的问题。比如在法国,经历了黎塞留和马扎然的奋战和投石党运动②之后,路易十四终于建立起他的专制政体,实行重商主义和官僚主义政权。英国

---

① 译者注:让·博丹(1530—1596),法国政治思想家、法学家,近代资产阶级主权学说的创始人,近代西方最著名的宪政专家。1576年,博丹发表了《国家六论》,在西方政治、法律思想史中,他是系统论述国家主权学说的第一人。《国家六论》是欧洲近代政治思想史上第一部关于国家主义的系统著作,被誉为西方关于国家主权学说的最重要论著。

② 译者注:投石党运动(Fronde)发生于1648—1653年,是一场西法战争期间发生在法国的反对专制王权的政治运动。Fronde一词在法语中具"投石"之意,该运动源于红衣主教马扎然的支持者被巴黎暴民以石块破坏窗户。

也是一样，在终于建立起现代政体之前经历了许多斗争，不过其政体形式却与法国大不相同，甚至可以说截然相反。但两个政体——1688年后的英国和路易十四统治下的法国——都各有其独特的合理性：英国的合理性在于议会对王权的制约以及法治思想；法国的合理性则在于中央集权制，工厂、街道和运河构成的商本位经济，以及制服统一、训练有素的常备军。

德国极大地受到了30年战争的影响，这场战争让德国的发展倒退了一个多世纪，而且整个国家分裂成了300余个主权国家，这种状态极不利于进步发展。另外，东方的土耳其人和西方路易十四的侵略也威胁和削弱了帝国的力量，因此直到18世纪，德国的国家机构才在编制和规模上恢复了一定的元气。在俄罗斯，彼得一世却打破了传统，兴建圣彼得堡为新的帝国首府，这座城市的设计、布局、制度，尤其是作为俄罗斯向西方开放的窗口角色，无一不表达着一种新的风骨。

说到18世纪时的主题，施泰纳的建议是"历史上启蒙运动对世事的影响"。这句话本身就是意味深长的——如果我们完全理解了这句话，就不会抽象地去讲启蒙运动。换言之，这个主题的重点并不是纯粹的思想发展史，而是要通过具体的历史事件呈现出启蒙运动的真谛。有一个很合适的事例就是对女巫审判以及相关刑讯手段的抗争。信奉女巫是精神无知的一种典型征候，在16、17世纪，对女巫的迫害如瘟疫般反复席卷整个欧洲，造成上万人遇害。最终是弗里德里希·施佩[①]、巴尔塔扎·贝克尔[②]、克里斯蒂安·托马斯[③]以及后来的玛丽娅·特蕾莎等人的努力终

[①] 译者注：弗里德里希·施佩（1591—1635），德国耶稣会神父，反对女巫审判的重要人物。施佩是同时期于口头和书面强烈反对刑讯逼供的第一人。

[②] 译者注：巴尔塔扎·贝克尔（1634—1698），荷兰牧师、哲学和神学作家。贝克尔反对迷信，是现代欧洲早期终结女巫审判的关键人物。

[③] 译者注：克里斯蒂安·托马斯（1655—1728），德国法学家、哲学家，推动了德国哲学、法律、文学、神学等领域的改革。他一生致力使政治和法律脱离宗教管控，在宗教事务上主张思想和言论自由，反对刑罚无神论者、女巫审判以及任何形式的酷刑。

结了这场劫难，而普鲁士国王腓特烈二世（即腓特烈大帝）则在 1740 年 6 月 3 日颁布的法令中彻底废除了酷刑。

在历史上，还有一个事例可以体现出启蒙运动对世事的影响，那就是美国和法国如何在革命中实现人权和权力分立。幸运的是，这里我们可以借孟德斯鸠的生平和游历来进行生动的讲述——他在英国时如何获悉权力分立的思想（这一思想最初是由洛克以不同形式提出的），他究竟是如何理解，又如何在法国传播这种思想的。我们还可以借这个机会看一下书籍的传播：孟德斯鸠的《论法的精神》仅用 18 个月就发行了 22 版，总计 35 000 册。不过这里最重要的是表明美国宪法的奠基人是如何采纳了这一思想，并将其实施成文的；而后来在法国大革命的第一阶段，革命者们又是如何将其奉为指导思想的。

人权是启蒙运动的另一个重要的基本体现，不过对于人权的诠释却存在着相当大的差异。一种诠释着眼于上层原理，赋予人一系列延续至今的广泛权利，因此，劳动权、受教育权、安宁生活权、休假权等权利与自由权、生存权、平等权一起被写进了法律。相比之下，我们可以看一下对于人权最早的诠释——1776 年 6 月 12 日通过的《弗吉尼亚权利法案》——这项法案对待基本原理却相当谨慎，它更加重视措施和制度，意在保护个体免受政府权力的欺压。这种准则让启蒙运动的精神落到了实处：由 12 名陪审员审理刑事诉讼；限制议会和政府任期；自由选举；遏制非法逮捕和搜查。学生尤其应该正视这种社会创举的价值，因为正是它们在近代历史发展过程中真正塑造了今天的生活，而"劳动权"和"休假权"等问题则仍有待商榷。

最后，启蒙运动也代表了一种对待生命的独特态度。康德便将启蒙运动定义为"人类脱离自己所加之于自己的不成熟状态[①]"，并给了启蒙运动时期这样的口号："Sapere aude! 要有勇气运用你自己的理智！"正是这句话让许多人坚定了自己的人生，本杰明·富兰克林就是个很好的例子，不仅因为他通过自己的努力从印刷工人成长为作家、出版商、避雷针发明者、美国驻法国大使，更因为他运用理性来认识自己，欣然进行严苛的自我教育。他在回忆录中写到自己曾列出 13 项品德，每个星期重点关注其中一项，并将任何与之相悖的行为准确记录下来。这种修身之道恰好表明了人权的内在根基——所谓自由，必定以自我控制和自我教育为基础。

对于 19 世纪，施泰纳建议的主题是"各民族历史的汇合（Confluence of the history of the peoples）"。乍一看来，这个主题或许有些奇怪，单是字面意思就不大好理解。不过，如果我们来看看从法国大革命开始的整个 19 世纪，各国孤立发展的时代显然接近了尾声。即便在世纪之交前夕，法国大革命也已经成为牵动整个欧洲的事件，在短短几年里就波及意大利、荷兰、瑞士和德国西部。它在整个欧洲点燃了许多伟大的思想，仅德国就有费希特、荷尔德林、黑格尔和席勒等，不一而足。在巴黎发生的事件回响在整个欧洲，实际上，欧洲在 1789—1815 年所经历的政治、法律和社会变革，归根结底都与法国大革命有着直接或间接的关联。然而德国历史上的民族主义思想家们从未充分阐明的是：莱茵河地区由法国统治的时期对很大一部分人来说其实意味着解放；在《拿破仑法典》影响下的法律改革不失为一件幸事；而且在许多地区，大革命时期的生活标准一直到 19 世纪经历了进一步发展后才终于能达到。

[①] 译者注：康德《什么是启蒙运动》节选（何兆武译）："启蒙运动就是人类脱离自己所加之于自己的不成熟状态，不成熟状态就是不经别人的引导，就对运用自己的理智无能为力。当其原因不在于缺乏理智，而在于不经别人的引导就缺乏勇气与决心去加以运用时，那么这种不成熟状态就是自己所加之于自己的了。Sapere aude! 要有勇气运用你自己的理智！这就是启蒙运动的口号。"

19世纪接下来的历史仍然能表现出欧洲在许多方面都在逐渐发展为一个整体。1848年的革命几乎覆盖了整个欧洲，革命的火花从巴黎一路传播到维也纳、布拉格、法兰克福、柏林、米兰和罗马。资产阶级风生水起，呼吁着宪政、陪审团庭审、新闻自由。后来这些革命运动的失败也同样是欧洲的大范围事件。

　　尽管这些革命以"失败"告终，欧洲政治却沿着这些革命思想的脉络发展了下去。到第一次世界大战时，法治政府在欧洲主要国家已经相当普遍，普选制和君主立宪制也是一样，只是各地程度仍有差异。1914年，自由主义在欧洲大部分国家大获全胜。

　　这还不是全部——工业革命自西向东掌控整个欧洲绝非偶然；交通网络促进通信快速发展也是有目共睹。在这种态势下，多地同时出现技术创新自然是情理之中，而且新发明和技术出现不足一年，就会在欧洲和美国被普及和应用。另外，欧洲的思想传播也可谓风驰电掣——达尔文和海克尔的信条、巴斯德和科赫的洞见都没有局限在本国。达尔文主要著作的第一版于1859年问世，1860年即有了德语译本，之后没过多久又出版了英语修订版和新的德语译本。达尔文思想的传播还仅是这个大发展方向的一部分——1850年之后，自然科学和科学思维的进步呈破竹之势。这种思维方式或许本意不在团结各国，但其中至少没有民族文学所蕴含的那种民族差异。

　　另一个开始占据欧洲人心绪的普遍话题就是在工业革命过程中浮现出的社会问题。在欧洲的工业化地区开始出现禁用童工的法律措施，一些地区规定了工作时长并由政府委派工厂监察员。对于如何解决这些社会问题的讨论其实在1848年之前便已达到高潮，合作运动也已经开始，也包括主要由侨民展开的社会党人的国际合作。1864年，国际工人联合会①正式成立，通过旅行和侨居人士建立起的人际网络就这样开启了活跃

---

① 译者注：国际工人联合会（International Workers' Association），即第一国际，于1864年建立的国际工人联合组织。马克思是创始人之一，也是实际上的领袖。

的国际交流。

19世纪社会发展还有一个特殊命题，那就是奴隶贸易和奴隶制度的废除，当然这主要不是在欧洲发生。这里的第一个重要人物就是英国的威廉·威伯福斯，他在议会上发声，主张废除奴隶贸易。1807年，议会禁止英国船只参与贩奴活动；1833年，英属殖民地废除了奴隶制度。来自英国的压力终结了横跨大西洋的奴隶贸易，而后奴隶制在美国引发冲突，并导致南北战争，最后终于在1863年1月1日正式废除。可以肯定的是，黑人问题在当今这个时代仍未完全消除，但废奴运动最重要的意义是它引起了全世界的关注，这让我们看到了一次前所未有的人权运动——它捍卫的是另一片大陆上，另一群人的权利。

19世纪最末的主要特征是以帝国主义为名的殖民扩张。这时还不是对帝国主义展开辩论的时候，但可以适当提及的是：对于这一现象的所谓经济学解释是不堪一击的。德国的企业和卡特尔①从未呼吁或鼓吹殖民扩张。1914年前，德国殖民地既没有吸引到可观的投资，也谈不上是德国经济的重要原料产地。熊彼特的理论似乎更接近事实：帝国主义是由投机商、军人、问题人群和传教士为了施展拳脚而发起的返祖运动。

另一个看待殖民扩张（非洲、亚洲部分地区、太平洋岛屿的开拓）的角度是不同民族历史的汇合——全世界的欧洲化。首先值得注意的是，殖民扩张之前正是发现家和探险家们频繁活动的时期。1849年，利文斯通踏上了他的非洲之旅，一路经过赞比西河、维多利亚瀑布到达刚果。1850年，海因里希·巴尔特探索了撒哈拉沙漠。1858年，伯顿和斯皮克发现了维多利亚湖和坦噶尼喀湖。1861年，霍伊格林游历阿比西尼亚（埃塞俄比亚）。1864年，施魏因富特开始探索苏丹东部。1865—1867年，格哈德·罗尔夫斯横穿北非。1868年，李希霍芬深入中国内陆。1869年，

---

① 译者注：卡特尔（cartel）是由一系列生产类似产品的独立企业所构成的组织，是集体行动的生产者，目的是提高该类产品价格和控制其产量。垄断利益集团、垄断联盟、企业联合、同业联盟也称卡特尔，是垄断组织形式之一。

纳赫蒂加尔探索了撒哈拉沙漠和苏丹；1874年，史丹利探索刚果；1875年，卡梅隆探索中非。殖民扩张初期，紧随探险家脚步的往往是一些小规模欧洲殖民贸易和极少数欧洲人口。然而欧洲的技术、医药和控制还是或快或慢地在各地站住了脚。这个过程在日本发生得最快，同时也没有落下印度和南美这样的地方。然而奇怪的是，20世纪的"去殖民化"过程实际上却通过技术、贸易和欧洲科学强化了欧洲影响。甚至连俄罗斯和中国的大革命也促使人们去接纳一种源自欧洲的现代思维、管理、工作模式。

20世纪初，世界在许多领域逐渐发展为一个整体。世界贸易开始覆盖全球，电报网络让全球通信成为可能，无线电开始发展。在某个国家发生的事件可能会影响到其他所有国家。人们谈起土耳其的冲突，不可能再认为那是事不关己、遥不可及的事件。

20世纪

如果一个世纪还没过完就去谈它的历史主题，显然是草率的，但即便如此，有一些重要特征还是显而易见的。对比1900年和1980年的情形，第一个最显著的特征是：欧洲曾是世界的中心，重要的政治事件都围绕着伦敦、巴黎、维也纳、柏林、圣彼得堡发生。日本和美国的确已经开始在这个权力架构中向上攀爬，但还没能成为主角。然而到了今天，欧洲已经一分为二，旧的欧洲已经凋零，柏林和维也纳风光不再，华盛顿的重要性超过了伦敦。我们现在讲苏联而非沙俄，并从征候上来看莫斯科的首都地位，这些都有其意义所在。北京和东京与巴黎一样重要，非洲、亚洲、南美问题比欧洲共同体冲突更能占据世界公众视野。

20世纪的第二个显著特征与上面提到的第一个密切相关，那就是社会阶级的重组。在此前的几个世纪，除了美国和少数其他国家，大部分国家的统治权都掌握在社会上层的少数人手中，在公共事务上有发言权的人通常非富即贵。这种情况在20世纪发生了彻底的转变：不仅技艺高超的工人和劳动者可以晋升为政府官员，工会和劳工党派的社会地位甚至与政府同等重要。第二次世界大战之后，非洲和亚洲的领导人站上了世界舞台——他们大多是作为自由战士或者革命者而当权的——并带来了全新的姿态和思维方式。比如最近在伊朗发生的事情。这种在今天显露出来的问题，究其根本，还是由于不同国家和人民之间相互了解得太少了。因此，历史老师在这里还有一个任务，那就是举一些例子帮助学生了解其他民族的本质特征，这一点的重要性会在未来不证自明。

时代的第三个标志在20世纪的艺术发展中可见一斑。从文艺复兴时期一直到1900年以前，占主导地位的欧洲艺术一直尝试用这样或那样的方式捕捉视觉现实——文艺复兴时期捕捉到的是空间现实，巴洛克时期是动态的形，浪漫主义时期是对内心的表达，印象主义是光效印象。至于表现主义，则削弱了对外形的关注，让形象经由内在体验被打破或重建。然而这股冲劲持续的时间并不长，几个世纪以来占主导地位的艺术最终跌下神坛。这是一个重要的征候，并不是因为旧艺术的消逝和所谓"传承的中断"应该受到哀悼，而是因为这意味着一种世界观已经彻底倾覆。一些艺术作品展会陈列出一些陈旧的作品供参观者做对比，这种对比往往让人震惊，而展览的目的却正是如此。

这三个基本特征无一不表明，几个世纪以来欧洲人所熟悉的那个世界，那个曾经能被看清、看懂的世界已经分崩离析。世事再也没有统一的走向、固定的模式；世界不再有什么中心，对待事物也不再有什么普遍的立场。可以看出，"欧洲化"历史可以从许多方面来讲解。

中心感的丧失导致人们在创造新的社会形态时缺乏足够的洞见和能力。20世纪需要新的社会形态，然而奇怪的是，旧的形态却一而再、再而三地重蹈覆辙。德国也是一样，1919年十一月革命之后，以及1945年之后，德国亟须建立新的社会形态，然而朝着这个方向的所有努力——显然是势孤力薄——均以失败告终。单纯修改宪法在长远看来是徒劳无益的，因此旧的权力、社会和党派结构再次盛行。不论是美国还是法国的革命，都没能让国家成功摒弃过去的政府形式，并将启蒙运动的构想付诸实践。事实上，孟德斯鸠提出的权力分立从未完全实现过。以德意志联邦共和国的政治制度为例，议会根本无法有效地控制政府，更别提与之纠缠不清的官僚机构和经济势力了。

所有这些征候都表明社会缺少一种创造性的建构力量，缺少一种可以洞穿征候、从整体把握现象并激励行动的见识，还缺少一种能起到标本兼治作用的新思想。这些东西的缺失会带来一些新的变化，这也可以用几个征候来描述。

我们上文说过，19世纪末欧洲的扩张奠定了现代史的方向，欧洲国家走向世界、征服世界，不放过任何一处金矿和银矿。他们出口自己的商品，自己的基督教义，还有自己的人口——那些对欧洲生活条件不满意的人口。在这个扩张和移居的可能性之下，欧洲本土得以化解许多问题和冲突。我们与自然的关系也是一样。20世纪以来，自然似乎无限制地任由我们处置。人类可以肆意扩张到周围的环境，到大自然当中。在殖民地区或美国中西部，人类可以狠狠地开采，污染湖泊、海洋、空气，随处倾倒垃圾。然而早在30年代，破坏性的后果（侵蚀）就越来越暴露无遗。到了今天人们都已经知道，这种行为是不能再被允许的——至少在人口高度密集的地区。我们正步入这样一个时代：人类需要有意识地关爱自然，否则就会尝到自己的行为所招致的威胁生命的恶果。我们对待原生资源和能源的态度也是如此。从前我们一味地利用大自然的馈赠——化石燃料，今天我们已经明白，我们必须去开发那些不会因人类的需求而消耗殆尽的能源。

第三个征候则关系到人类自身与技术和工业的关系。随着这个世纪的工业化发展，技术走进了每个家庭，各种事业也都突飞猛进。同时，人们越来越依赖技术体系，个体也越来越难以控制自己的命运。经济危机、自然灾害或战争似乎都能威胁到我们的生命，我们也知道今天的战争会比以往的任何战争都更具毁灭性，更加惨无人道。这种对于未来的认知、焦虑和不确定让人在心理和身体上都更加脆弱。20世纪初，工人们每周的工时是60～70小时，而如今的40小时工时（其实除去节假日，每周只有36小时）却让许多人痛苦不堪。显然，生活在机械化环境中的人能承受的东西越来越少了。无助、不满、抗议和疾病与日俱增，因此需要建立更加昂贵的体制去满足健康、福利和医疗需求。技术发展至今，似乎已经从一项福祉变成了一个负担。

如果把这三个征候放在一起来看，我们就会明白：生活中有些趋势已经膨胀到了极限，越过这个极限之后就会变成问题和困难回到我们面前——人类正在自食恶果。然而很多时候，人类仍然没有意愿去关注这些极限，去辨认这些恶果究竟是什么。

知道了以上这两类征候，就有可能很清晰地总结20世纪的大部分历史了。

首先，两次世界大战可以说都是由不再适应时局的扩张欲所引发的冲突。第一次世界大战的冲突是由于帝国主义势力都在实行扩张政治，他们的利益在欧洲以外的地区遭到对抗，而在欧洲本地，他们则陷入一场军备竞赛，这加剧了各国的相互猜忌和忧虑。第二次世界大战的触发是由于德国和日本这样的国家认为历史亏待了自己，并把这种信念还原为扩张的意志，因此又一次展开了统治世界之战。两次战争都极大地加速了欧洲霸主地位的崩塌。1945年后的20年间，两大帝国遥相呼应，各自高度武装并继续扩张。

这类问题困扰的不仅是历史教学，它们也是人生的难题：这个时代的年轻人该如何成长？他们该如何学习去理解和解读世界？历史学习并不能解决那些外在现实解决不了的问题，但它可以增进我们对于这个时代的理解。

这种理解并不是单纯来自对负面问题的关注，我们还是很有可能把关注点引向那些正在显现的事情上的，即便还不是那么明显。那些长久以来形成的结构——国家、经济、科学——自然是首先映入眼帘的，然而在这背后还有些东西，它们的轮廓还很模糊，还存在于意志和渴望的领域。比如我们可以观察到1900年之后世人对于战争的态度是如何转变的：直到 1914 年以前，战争都被看作政治工具；而就在 1914 年，上百万人还带着满腔热忱投入战争，和平主义还被认为是精神错乱的表现。如今这种好战思潮已经在世界大部分地区荡然无存，战争也明确被看作最可憎的恶行。类似地，基本的社会风气业已改变：过去那种阶级优越感和僵化的阶级意识已经不复存在，工人不仅受到法律保护，还在很多方面的决策程序中有真正的发言权。而且，现在还有着一种克服种族偏见并维护全人类权利的意志。甚至在私人关系层面，这种意志都让人越来越包容，越来越理解彼此生活和思考的方式。我们并没有过多地谈到人们在这个世纪所做出的普遍努力，比如人与人之间日常交流的方式，互相倾听的意愿，以及对他人的想法有更多的理解。

这种新的境界尤其体现在教育方面，于外在即对于体罚的态度转变，体罚在 20 世纪初便已普遍被定义为非法行为。现在还有一种愿望，就是去看到并满足一个孩子作为孩子的需求——如果把孩子当作小大人，或者只考虑他们未来所从事的职业，那是很荒谬的。我们会注意到，人们普遍开始有意愿去理解孩子，真正进入他们的问题和世界，并为他们创造一个世界。当然这一点也很容易遭到反驳，因为这种意愿常常走向错误的方向。但即便有缺点，我们也绝不能忽略这些努力在今天是多么广泛和严肃。我们一定要知道这样的发展和学习过程是需要时间的。启蒙运动的思想无法在短短几年内盛行起来，教育精神的发展亦是如此。另外很重要的是，这种趋势的源头并不在大学或国家机构里，而是在各种由民间个体和团体开创的事业当中。

对自然的理解也在以类似的方式觉醒，在环保领域出现的各种团体不仅有着对自然无私的爱，而且真正希望从自然中学习。人们关注到濒临灭绝的物种，于是针对它们的生存条件进行了研究，并认识到环境破坏是由于人类在技术和化学上对大自然的理解和处理有失偏颇。只有这样，负面经验才能激发出新的问题和新的思维方式。

在历史课上，20世纪这些正面的趋势也可以通过许多人物来诠释：为和平而战的伯纳多特伯爵或道格·哈马绍；解放社会底层人民的甘地和马丁·路德·金；愿意倾听大自然的蕾切尔·卡逊。各地皆涌现出改造和创建新的社会形态的愿望。

我们可以说20世纪分为两个世界。一个是旧世界，它已经成为明确事实，由权力机关、科学、工业、贸易做出了清晰的定义，它很好辨认——过去的和已发展成熟的事物总是很好辨认。然而还有一些新的东西正在萌发，这些东西仍饱受争议，仍隐藏在许多表象的背后，甚至有些愚蠢，但还是能被感知到——新世界是年轻人内心的一种心境和愿望。然而它却一次次地遭遇失败，因为它缺少精神因素，缺少能让人真正在内心感知到新世界的理想导向。

这样看来，历史教学有着重要的意义，它可以通过探讨当下的问题，描绘出未来的任务。它却也表明：新的内在生命虽渴望开疆拓土，却是举步维艰，因为公办的、过度控制下的教育制度阻碍了自由思想的发展，将教学和研究导向既定、乏味的方向，结果抑制了个体的自由发展。被如此压抑的个体不知道如何自由、真实地面对世界，于是便开始反抗。而且，不仅国家管理机关的扩大需要过度并有失公允的财政支出，这种管理制度还切断了市民的相互交流，阻碍了社会的民主自决权。最后，它与经济利益的纠缠让国家成为大型项目的推销员，片面推崇某些经济效益，这是毫无经济意义可言的。

与这种仍活跃于社会有机体中的致病趋势相比，我们可以发展出一种三元社会有机体的思想。

在九年级，这个思想可以与权力分立的思想关联起来。孟德斯鸠的思想宗旨在于控制权力，让三个权力部门①相互制衡。三元社会有机体的思想之所以堪比权力分立思想，在于二者都不追求理想化的乌托邦社会，亦不去定义凡事应该如何存在。也就是说，三元社会有机体的思想也会限制自己只提出实践建议（即手段和措施），由此在特定领域让人民胜过权力——如果这权力意味着为他人做决定。自由的文化生活和经济生活都不是由相关人士联合组织起来的，也就是说这些领域都不受权力干涉。国家的角色则是基于互惠原则——也可以称为平等原则，来制定人民的法律关系。

只有这样观望未来，才有可能理解当下。纯粹客观的当下——无关于未来导向的趋势和前提——就是残酷的事实。如果能够看到事物的逝去和新生，能够洞察到什么让社会生病（运转不良），什么让它健康，我们就能找到方向。置身于当代的问题之中，每位老师都有能力提出个人的关注与承诺。最重要的是，当未来的发展冲动显露端倪时，老师能将其捕捉并传递给学生。相比之下，负面的文化评论和生硬的乌托邦解读则起不到什么作用，因为那样无法帮助孩子走入属于他们的时代。

九年级参考书目

以下书籍是关于九年级主题的比较鲜为人知的著作，这个阶段还不必参考更大量的书目。

1. Baschwitz, Kurt. *Hexen und Hexenprozesse*. München, 1963.
2. Bouman, Pieter Jan. *Kultur und Gessellschaft der Neuzeit*. Olten, 1962.
3. Bouman, Pieter Jan. *Verschwörung der Einsamen——Weltgeschichte

---

① 译者注：指行政、司法、立法三权分立。

unseres Jahrhunderts. München, 1973.

4. Ellert, Gerhart. *Richelieu*. Wien, 1973.

5. Franklin, Benjamin. *Autobiography*.①

6. Huch, Ricarda. *1848 Die Revolution des 19. Jahrhunderts in Deutschland, früher:* "Alte und neue Götter." Zürich, 1944.

7. Klessman, Eckart, editor. *Deutschland unter Napoleon*. Düsseldorf, 1965. (Reihe: Augenzeugenberichte)

8. Rosenstocck-Huessy, Eugen. *Die europäische Revolution*. Stuttgart, 1951.

9. Rosenstocck-Heussy, Eugen. *Out of Revolution*. Argo Books, 1969.

---

① 《富兰克林自传》。

第十章　十年级历史

接受定居生活

我们在九年级着重培养的是历史、艺术和文学领域理想化的一面，而到了十年级，地球就变成了主要命题。以地理课的目标为例，华德福学校的课程大纲提出"将地球作为一个形态学和物理学意义上的整体来讲解"。此时物理课学的是经典力学，化学课重点研究盐的构成；在测量学上，我们终于通过真正的测量和计算来学习地球；至于历史课，课程大纲指出："历史课将着眼于人类对地球以及热带或温带气候的依赖。"

十年级要进行第二次"通史"学习，即再一次从最初的历史开始。不过十年级的任务主要是从"人类对地球的依赖"这个视角出发，研究古代文明史和希腊史，一直到亚历山大大帝的出现，这个任务显然为历史教学赋予了一层理性色彩。对于历史进程、事件和形势，教师一定要把握清晰的轮廓，并对它们的根源进行适当详解；应该允许学生去重现历史形势并得出其中的道理和根源，这样事件本身的逻辑就不言自明了。学生会从这样的过程中尝到甜头，或许在家也开始说："现在我们真的得想一想了！"这时他们口中的"真正想一想"甚至可能意味着通过有形的地球和地理事实来理解法律制度，而我们则不应该让这个年纪的学生感到历史课其实是宗教课。

这种教育方式的价值不一而足，其中之一便是避免了虚假的唯美主义。通过看待人类行为在经验意义上的实际物质条件，我们是在教学生除了在感受层面上获得敏感程度不一的体验，还要进行具体的思考。这会让他们感到一些自负和现实主义，也可能会遭到一些反对，因为今天的学生已经够现实了——谈到思维框架，他们不是已经远远超越了上一辈人吗？毫无疑问，幻想世界在物质和技术的引领下肆意发展，引得今天的学生对此极其崇拜。这一点从科幻文学的火爆程度上就看得出来：冯·丹尼肯的《回忆未来》等作品蝉联畅销书排行榜，尤其受到这个年龄段学生的追捧。然而治愈这种物质幻觉的良药并非理想主义的唯美，亦非宗教信仰的启迪，而是真正去触及并理解这些物质条件。

人类早期历史上至关重要的一步就是对定居生活的接纳，从游牧生活到农耕生活的转变被恰当地定义为自上一次冰河世纪结束以来，人类历史上第一次伟大的革命。放射性碳定年法测得冰河世纪的尾声大概在公元前 10 000 年。目前找到的迹象表明，人类的定居过程最早开始于距今约 8000 年前。定居这个主题不容易讲，因为稍有不慎就会陷入过度简化和曲解这一伟大进程的误区。有人可能会认为这个问题的根源是简单的食物短缺——"当游牧民族注意到他们狩猎区的猎物越来越少，树林里的果实也不足以充饥时，女人们不得已种上了粮食，以免族人饿死"。不管是谁编出了这样的故事，他一定没有考虑到游牧民族已经习惯了不断寻找更加新鲜和富饶的狩猎采集之地，更没有考虑到游牧民族的基本生活态度。古典时代晚期的历史学家阿米阿努斯·马尔塞利努斯是这样描述匈奴人的："他们绝不会来到屋顶之下，而是拿它当坟墓一样躲开，你甚至连一个芦苇覆盖的棚屋都找不到。他们马不停蹄地穿梭在高山与林地间，从小就适应了严寒与饥渴。即便是离开了家园，只要不是情势所逼，他们是绝不会进入什么房子的，因为屋顶之下并不意味着安全——这才是他们的信仰。"如果我们想尝试理解人类的定居过程，首先要抛开的一个原始概念就是：是饥饿与爱让世界转动。

人类接受定居生活这个过程一定要谨慎对待，即便如此也仅能再现一个大致轮廓。我们暂且不必深究它的缘起，而是要遵循十年级的命题，直接探讨地理条件：人类定居的最初迹象是在哪里被发现的？人类从哪里开始真正过上了定居生活？考古学的铁锹指向了小亚细亚，指向今天的巴勒斯坦、叙利亚和伊朗所在地。经证实，最早的粮食种植出现在美索不达米亚边缘地区。耶莫（即今天伊朗和伊拉克边境的库尔德斯坦地区）是一个格外重要的考古遗址，研究人员发现了两种大麦，猪、绵羊、山羊等家畜，以及雕塑和陶器。这个遗址的历史可以追溯到 5000 年前，类似的居住区还出现在山谷、盆地、平原，这些地方在当时水量并不算充沛，于是人们想知道：为什么定居生活没有从印度河、尼罗河或者美索不达米亚这样伟大的河谷地区开始？答案就是这些河谷每年都被猛烈的洪水冲垮。治水这种重任似乎超出了所有想在那里定居的群落的能力，相比之下，开敞的山谷或平原一般有更小、更温顺的水流，这样即便是人数稀少的群落也有能力控制水元素的力量，开沟引渠、灌溉土地。波斯高原现在已经干燥，但从航拍照片上还是可以看出这种简单灌溉法的应用范围。当太阳在低空时，阳光在一些平地上照出的影子呈现出系统的沟渠和水道网络，它们曾经被用来浇灌这片土地。这些灌溉水渠还表现出一个重要意义：它们都由石板遮盖，正如古老的伊朗宗教箴言所说：被小心翼翼地保持着洁净。

　　虽然仍有些浅显，但我们一旦如此阐明这些事件的背景，便可以着眼于定居过程本身了。考古发现表明这是一个非常复杂的过程，但它始终离不开三个中心要素：房屋、田地、动物。建造房屋——定居生活的正式开始——首先需要制作工具，除了斧头、锄头、犁，还有罐子、编织材料、钩子、针、雕刻用品等。所有这些都革命性地让人类从单纯的大自然使用者和摄取者变成了生产者，他们开始掌控自己的命运，建造自己的房屋，贮藏自己的收成；他们从游牧民变成了农民，变成了大地的照料者。

　　照料大地不仅仅包括耕地、灌溉、排水，还包括饲养和照料家畜。作为有生命的存在，大地和动物让人类看到了自己的行为会有何结果。游牧民或许还可以逃避自己的行为结果，然而定居过程最为奇妙之处就在于种子的培育，经过培育，许多野草就演化成了谷物。那么我们便遇到了一个谜题：按照今天的标准和认知，谷物的培育一定是一个格外冗长、沉闷的过程，而人类真的世世代代坚持不懈地筛选出最大、最好的草籽，并仅将它们用来播种吗？如果真是这样，他们又怎么会知道这样行得通呢？那时的人，在成百上千年里将最好的种子保留下来，克制自己不去吃它，难道是为了让后人收获他们的劳动果实吗？

与学生一起探讨这样的问题会让我们明白，如果不去考虑更深的道德转变，当时人类所经历的定居过程简直是匪夷所思的。不过在十年级，我们还不建议开展道德转化的讨论。如上文所说，我们首先应该充分考虑外部条件，然后才有可能逐步考察与人类转化有关的因素。首先要讨论的最显而易见的因素或许就是法律关系，因为这是直接从耕地活动中衍生出来的；其次就是财产，财产是经由劳动所得，它属于工具制造者，属于开拓新田地的人，因此每个房屋也都有自己的主人。我们可以猜想，每个房子里生活着一个家庭，而且实行一夫一妻制。劳动促成了这些法律关系的形成，同时也创造了打破关系的可能性。一旦出现"你""我"之分，就会有偷盗，也会有善与恶。既然谈到"善与恶"，我们就离开了法律范畴，进入了道德领域。有了道德的存在，以及对行为的道德评价，人们就开始对自身的行为加以克制，并对他人的行为有所关注，这就进而发展出了明确的"边界"——既在外在现实中，也在人的意识中。许多制度都体现出这样的意识发展，比如界石。界石的设置是一个宗教行为，它意味着从世人共享的大地上分一块出来。因此，界线的划分就要在众人的见证下举行仪式、供奉祭品，未经允许私自移动这个标志物则是严重的罪行。

回顾了这样的发展过程，我们才可以问：人类的定居过程是怎么开始的？针对这个问题，可以在班级展开非常详尽的讨论，或许这样才能让人明白：并不是"经济需要"促使人类接受了新的生活方式——这种理论实在非常值得怀疑，更有可能的解释其实是（正如古波斯传说中记载的）：传说中的先知琐罗亚斯德[1]建立了这种文化，或者说他至少与同伴、信众一起，在极大程度上影响了这个文化的走向。这个传说中的琐罗亚斯德与公元前580年前后创立宗教的琐罗亚斯德并不雷同。

城市的建立——古代文明的源初[2]

有些早期发现的细节在许多方面仍不明确，专家们在一些问题上也是各抒己见。不过在所有的不确定之中，人类历史的重要特征却在公元前3000年前后愈发凸显了出来。人们普遍认同最初的城市是在美索不达米亚——幼发拉底河和底格里斯河的河口地区建立起来的。在讲解城市建立的本质和过程时，应当将最初的人类城市——埃利都、乌鲁克、乌尔——作为理想范例。

底格里斯河和幼发拉底河的源头在今天的亚美尼亚高山地区，每年春季短暂的融雪期和秋季的雨水都导致山洪倾泻而下，洪流卷着泥浆、岩石和碎屑涌入河水，冲刷出新的河道。在城市开建前的几个世纪里，河水很快就会退回到原来的河床，在周围留下大片淤泥、水塘和湿气。在洪水泛滥的14天之内，潮湿的土地就会变成茫茫一片花园，然而再过四五个星期，那些散发着湿气的水塘就都不见了踪影，这美景的消散就和它出现一样快。这些河谷给定居的农夫带来了挑战，他们发现河谷的土壤比山谷的多产。于是为了在短暂的湿润期蓄水，他们就必须筑坝拦水；为了在一年的晚些时候继续灌溉田地，就要开凿水道。但所有的努力都是徒劳，到了第二年春天，洪水几乎是如期而至，带着泥沙摧毁水坝、填满水道。在强大的河流面前，单凭几个农夫或者小村庄的劳动

---

[1] 除了五年级的参考书目，另请参见：Bernard Schlerath (ed.), *Zarathustra*, Darmstadt, 1970 (Wiss. Buchgesellschaft); and Werner Hinz, *Zarathustra*, Stuttgart, 1961.

[2] 请参考：Jacquetta Hawkes, *The First Great Civilizations*, Harmondsworth, 1977 (Penguin Books).

是无济于事的。但到了公元前 3100 年前后,一个决定性的改变发生了。在十年级,这个改变可以由全班集体来探讨和重现,重点则是让学生理解这一改变中真正起到作用的各个因素,而不仅仅是"学习"它在历史上是如何发生的——这个话题无论如何都存在着争议,非专业人士很难以一言蔽之。

首先有一个基本问题摆在眼前:人类如何迎接河流的挑战呢?很明显,只有许多人联合起来才有可能对抗它的力量。这又引出了另一个问题:单纯在河谷地区聚集大量人口还是无法解决这个难题。很快,班里的学生就会达成共识:这样的人群是无法用民主决策的办法来自治的,那么这个或许有着 8000 到 10 000 人的群体就必须由一个或几个天赋异禀的人来领导。领导人需要具备的品质是:他必须有驯服幼发拉底河的办法和计划;他必须了解他的同伴以及他们的能力和特长,从而为他们分配合适的工作;最后,他还必须公正,这样其他人才能心甘情愿地追随。学生探讨过所有这些之后,便可以开始阅读《吉尔伽美什史诗》的开头了:"一切都逃不过他的眼睛——大地之神,他知道世上的每一个人,知道他们的本领和使命;他知悉万物,看透人们的生活与所作所为;他把隐含的事物公示于人……吉尔伽美什是三分为人、七分为神。"

接下来的问题就是发挥想象力,清晰地想象一个城市的创立者所面临的任务。他必须给他的人民分配工作,首要的工作就是河道和堤坝的修建。在河的上游必须另开一条河道,将河水以尽可能小的坡度沿山脊引向山下,几千米之后,这条与主流并行的水道就会高出几米,从这里引出来的水便可以用来灌溉田地了。另一项必要的工作就是修建堤坝,保护田地不受高水位的威胁。总之,城市本身都是建立在山坡或土丘上的,而且会有城墙防卫洪水和外敌。《吉尔伽美什史诗》记述道:"凯旋的英雄吉尔伽美什在乌鲁克四周建起城墙——它像山一样高,封闭的城里还竖立起圣殿;它像黄铜一样硬,堆砌在坚实的大地上。"

修建河道、堤坝和城墙的工作是简单却艰苦的，可以想象有时甚至需要三分之一人口都投入这些工作，那么这三分之一人口就要由其他人养活，而在土地上的必要劳动则又要由其他人来完成。但是修建河道和堤坝的工人们到底如何获取食物呢？农产品和所有狩猎、捕鱼活动的馈赠被送到"神庙"——在天神宏伟居所的庇护下，在远高于城里的狭窄街道和宽敞谷仓之处。神庙是生活的中心，它把食物、器具、衣物分配给每个人；作为神的居所，它被贴上了护面石，在阳光下它高高在上、闪闪发光，底下是狭窄的街巷，街巷的另一头便是晒干的砖头盖起的大批密集房屋。人们在很远的地方就能看到乌鲁克山和上面的圣所，男、女祭司就在那里履行职责。在那个古老的时代，祭司的活动就和他们的智慧一样，是很具体的。他们指导耕种和收割，引领房屋和堤坝的修建，而且他们分配的不仅仅是工作，还有时间，正因如此才有了后来的日历——将一年分成了12星座，将一天分成了12小时（不过那时的"小时"仍是有弹性的：在冬季，夜晚的小时就长一些，白天的短一些；夏季则正相反）。神庙里有人从事并教授手工艺，于是便出现了最初的职业——陶艺工、织布工、皮革匠、木匠等。那时合格的"专业人士"并不多，特殊的手艺往往令他们高人一等。

　　一切活动都要做到安全和公正，如果没有其他办法，只靠记忆去记录数不清的细节，是绝不可能做到把食物、衣物和其他物品公平地分给上千人的。起初可能是用简单的印章压印在潮湿的黏土上，黏土很快变硬，就可以用来做提示和标记。在建立城市的时期已经出现了一个从未有过的精巧发明——一种可以在黏土上滚动的圆柱形印章。这时已经出现了文字，不过文字并不是为了歌颂统治者和赞美神明，这种神圣的言语没有必要印在黏土上，因为礼仪和赞美已经存在于歌曲的韵律和人们的生活中；然而有必要的却是将世俗的、经济的、无关于宇宙秩序的细枝末节整理并记录下来。人类最初的文字形式就是为了乌鲁克（乌鲁克

IVa①，公元前3000—前2900年）神庙的经济而发展出来的——起初是大概包含2000个符号的原始图画文字；另外还有一套基于十进制和六十进制的数字系统。这种图画文字很快就演变成了楔形文字——它与图形不再有明显的关联，至此文字便已发展成了极少数人的职能，人也分成了有读写能力的和没能掌握这些能力的。一道巨大的裂痕也因此产生：一边是受了教育、开始使用文字的人；另一边则是普通大众——劳工、农民和工匠。这种分化一旦开始，就会随着时间逐渐加深。随着苏美尔语的出现，人类的故事、传说、宗教歌曲终于开始被记录下来。公元前2000年前后，苏美尔人灭亡了，然而他们的语言却流传了下来，成了宗教和宗教仪式、历史和传统的语言。自那时起，文化和精神生活因为使用这种神秘的语言，开始从日常生活中脱离出来。它不再是生活本身的提高和升华，而是在潜移默化中逐渐趋于另一种"有形的世界"。到了这时，学生对传统的学习就开始费力了，他们要学着理解那些脱离了当下生活的东西，那些从生活中抽象出来的东西。神职导师们所生活的世界就这样发展出了自己的势力。

在文字发展出自己世界的同时，各类职业也在不断实践的过程中很快发展了起来。河道工人学会了修建水闸和起重装置；艺术家、手艺人越来越专业化；这时也已经有了烘焙师和酿酒师、铁匠和车匠。连战士都成了特殊阶级：那时已经有了士兵甚至特殊部队——皇家护卫和战车战士。商业发展也不容忽视，考古发现表明这里与印度河流域的贸易往来——摩亨佐·达罗和哈拉帕。社会生活就这样越来越丰富并日益分化，与此同时却失去了其中的直观性。在这一点上有一个尤为显著的标志——大约自公元前2000年起，国家开始管控人与人之间的关系。这种对人类关系进行管理的第一个高峰出现在巴比伦国王汉谟拉比（公元前1690年）的法典中。《汉谟拉比法典》包含282个条目，如果考虑到这些条目约束了刑事、财产、民事、货币，甚至人身伤害、领养、土地使用

---

① 和特洛伊遗址一样，人们在乌鲁克也发现了多层遗址，显示出不同的发展阶段。

权等，那么我们必须承认：跟今天数不清的法律条文相比，282条实在不算多。同时，这也清晰地表明当时的城市和土地的境况已经相当复杂。

那个时代的人很快意识到自己在人类发展之路上的进步，这种转化又一次在《吉尔伽美什史诗》中有所描述。乌鲁克之王吉尔伽美什是一个城市居民，《史诗》叙述了吉尔伽美什和恩奇都那命中注定的相遇。一天，乌鲁克的猎人们来到一片水域，在那里发现了一个奇怪的人。"他站在那里，头发遮住了身体，孤身一人出现在草原。他像个女人，头发从头顶滑下，而且像麦子一样杂乱丛生。他对土地和他人一无所知……他和羚羊一样在田野吃草，和牲畜一起饮水，还在拥挤的水边溅水嬉戏。"另一段文字记载道："他来自荒野，从没见过剪刀和刮板。"恩奇都（有些故事版本中也称他为伊拜尼）被成功引诱到城镇，通过一次摔跤较量认识了吉尔伽美什（这种摔跤大概是握手的雏形）。吉尔伽美什把他带到自己的宫殿，"恩奇都进入国王那华丽的大殿，他的内心感到压抑，像天上的鸟儿一样躁动起来，他向往平原和田野上的野兽，他放声哀叹自己的痛苦，谁也拿他没办法。他匆忙离开城镇，回到了荒野"。然而回到大草原的恩奇都却觉得自己遭到了动物的排挤。

传说故事中，恩奇都这个人物描绘了人类仍与宇宙力量同为一体的图景。对城市居民来说，他承载着一种遗失已久的记忆，那是苏美尔人从高山来到低地河谷的记忆。恩奇都代表着城市居民所遗忘了的景象，那可不仅仅是我们饱含感伤之情所说的"与自然合一"。城市居民再也无法理解动物的语言，鸟儿的歌声对他们来说依旧很美，但却不再是一种神秘的语言。

吉尔伽美什和恩奇都成了朋友，恩奇都死了，这一刻吉尔伽美什意识到一个问题："我不也一样会死吗，像恩奇都一样？我的心满是痛苦，我也害怕死亡！"这个关于死亡的想法表明人类已经变得孤独，不再坚信自己受到神圣宇宙的庇佑。诺瓦利斯在《夜之颂歌》中对世界历史的这一时刻进行了如下描述：

你以为它是孤独的，

它如此可怕，踏上快乐的餐桌，

将每一颗心用恐惧裹挟。

死亡——它打破了这快活的盛宴，

以恐惧、以哀伤、以眼泪。

《吉尔伽美什史诗》向我们揭示了城市居民的命运：他们开始建立一个属于自己的世界，一个人类世界。这个世界开始支配自然，约束人类与法律之间的关系，划定出独立的学习与文化领域。这个世界的建立是探求与寻找意识最初出现的阶段，这种注定要产生的意识——"孤独意识"——在《吉尔伽美什史诗》中已经初见端倪，其主题即已表达了最悲痛和本质形式的孤独——对死亡的体验。

带领学生做过如此程度的学习之后，我们便可以总结：城市的建立本身已表现为一个多层次现象，我们必须假定它最初的形式是由一个领袖所领导的部族，这位领袖具备相当的精神高度（不一定要等同于吉尔伽美什），并有着掌控土地、成为山谷主人的冲动。他领导他的子民——或许是由伊朗的山区出发——进入了美索不达米亚低地，这里肥沃的土壤可以在小范围内养活大量人口。在这个有限的空间里，人们学着去控制并驯服水的自然力量。在这个领域里，有能力的人很容易受到注意。所有的生活必需品都可以在城市周围产出，并能轻而易举被运到城里。不同的人群也都在可见范围内，他们被分派了不同的工作——这便是最初的劳动分工。有些工种从事"外在"工作，有些则是"内在"工作（在神庙中）。在神庙的内部空间里，一个独立的世界得以发展，最初的独立知识形式开始形成。在外，一个生产的世界开始形成，其中有水道和排水渠、田野、园地、枣树园，以及远处的牛群。更强的力量是走向专业化的急迫，这也意味着世界逐渐走向孤立化。生活不再是简单、直接的自行管理，而是由神王颁布详尽的法令，这便是法律文化的开端。人口中发展出不同的阶层和阶级，而最终在祭司的引导下，出现了治理和实现一切的灵性生命，但同时它也是从现实生活中分离和抽象出来的。虽然那时还没有抽象的概念，人们仍处在图像和神话思维当中，但灵性（文化）的领域还是作为一个整体，将其自身从平民生活中抽象了出来。这些成就在物质领域需要付出的代价在一种新的意识中体现出来："我深爱的朋友转向了大地。恩奇都，我的朋友，他化作了大地的泥土。"

世界发展的最初冲动以这种形式成为现实——大地经历了塑形和转化，人类亦如此。人在塑形大地的同时，体验到自己会成为"泥土"，对死亡产生了意识。另一个洞察也由此产生：没有大河流域的肥沃土壤，就不可能出现这样的早期文明，然而文明的诞生并不是源自地理条件本身，而是源自与地理条件的抗争。如果进行了这样的阐释，我们或许已经遵循了鲁道夫·施泰纳对于华德福学校十年级课程的建议："举个例子——我们可以讨论一个民族从山地迁居到河谷会经历怎样的改变。"

埃及——一个特例

除了埃及，大概没有任何其他文明能把土地、河流、气候的影响表现得如此清楚了。这就为十年级的主题提供了一个极端的例子[1]，原因在

---

[1] 埃及的真实历史可以讲得相对简短一些：关于古王国，可以考虑石头工艺和金字塔的建造；中王国是内部殖民（法尤姆）以及政权的重组；新王国则是埃及统治的扩张（图特摩斯三世）和阿肯那吞其人体现出的非同寻常之处。
文献：
J. H. Breasted, *Geschichte Ägyptens*（有些过时但颇具启发意义）；
E. Otto, *Ägypten, Der Weg des Pharaonenreiches*, Stuttgart 1953；
J. A. Wilson, *Ägypten*, in: *Propyläen Weltgeschichte*, vol. I, 1961；
I. E. S. Edwards, *The Pyramids of Egypt*, Penguin Book, revised edition 1961；
Kurt Lange, *König Echnaton*, Munich 1961；
Manfred Lurker, *Symbole der alten Ägypter*, Weilheim 1964；
另见：
Frankfort/Wilson/Jacobsen, *Frühlicht des Geistes*, Stuttgart 1954；
Jacquetta Hawkes. *The First Civilizations.* Hammondsworth, 1977 (Penguin).

于世界上没有任何一个文明的地形是由如此之少的因素决定的：一条大河贯穿沙漠，气候几乎维持不变，上埃及①几百年下一次雨，沙漠极少出现什么变化，河水的涨退也保持着同样的节奏，只是幅度偶有大小之分，甚至连风也几乎总是刮向尼罗河的上游。这种均匀性和恒定性势必会造成一些影响——事实上，埃及即便经历了 7 次大规模入侵，以及技术和现代政治、军事制度的引入，乃至现代意识形态的发展，其最为古老的生活方式也仍然保留到了今时今日。

每年夏天，在阿比西尼亚高地和白尼罗河水源地的热带雨季，极端频繁和充沛的降水都导致尼罗河水上涨。涨幅虽然惊人，但仍可以计算出来。到了 8 月，如果尼罗河第一次泛洪的水位达到 7.5~8 米，那么一场富足的丰收就有指望了。洪水过后，河水分散到各处形成小的河道，土地得到灌溉，肥沃的黑色淤泥将田野覆盖。由于水量不足时没有其他任何因素可以弥补，因此必定存在着饥荒的威胁，但这也是可充分计算的。然而，如果尼罗河水位远超过平均水平，灾祸就不可避免了：堤坝可能被破坏，河道可能被淤泥充塞，定居地也可能遭遇危险。

即便洪水的水位不可预料，但它一旦发生，接下来的事情就不可避免——这又是可计算的。尼罗河泛滥的具体水位让法老能够精确推算出收成的总量，据此也可以设定征税标准，欺诈行为没有发生的可能，因为土地经过了精确的测量。尼罗河流域开阔、平坦的特性更是促进了这种可计算性的实现。在这样的条件下，埃及人发展出了实用几何。今天的荷兰人面对平坦的莱茵三角洲，与 5000 年前埃及人所面临的任务如出一辙，而他们则发展出了强大的理性与清晰感。对埃及很有研究的学者宣称：埃及的宗教也同样有着清晰和对称的特性。

显然，一个民族只有具备了塑造世界的智力和意志力，才有可能应

---

① 译者注：自古以来，埃及被分为上埃及和下埃及两部分。上埃及一般指开罗以南的尼罗河两岸地区，也泛指埃及南部广大地区；下埃及一般指开罗以北的尼罗河三角洲地区。

对尼罗河带来的问题。此后,这种规则性和事物一成不变的特性必然导致一定程度上的精神僵化,即保守主义。埃及的艺术便是一个例子,它的基本形式几乎延续了 2000 年不变(只有一个例外——阿肯那吞)。这种僵化还有一个更加突出的标志,那就是埃及的记年法。尼罗河有规律的泛滥引领埃及人去寻找与之同时发生的天文现象,以便作为洪水泛滥的信号。这一现象便是天狼星(埃及语为"索提斯")由于在太阳附近,"消失了"一段时间之后,再一次出现在黎明时分。人们细数这个"洪水召唤者"再次现身的天数,得到了 365 这个数字,在随后的年份中又确认了这个数字,历法就这样固定了下来,也就是说 365 这个数字从那时起一直延续至今。然而正如我们所知,从天文学来看,一年还要长出四分之一天的时间,因此在持续使用这个方法 730 年之后,整个历法已经完全错位了,每年的节日已经在一年中完全相反的时间庆祝(好比在圣约翰节庆祝圣诞节)。然而保守的埃及人却一直保持着这个历法的原始形式,直到经过 1460 年之后才再一次"校准",但紧接着又慢慢地偏离了时间。

然而,如果仅用尼罗河的例行泛滥来解释埃及人极端保守的态度,未免是对单一因素重要性的过分强调。在希克索斯人入侵之前(约公元前 1715 年),埃及文化的发展没有受到任何明显的外部影响,与世界其他地区也没有任何联系。埃及的西边延伸着利比亚沙漠,东边是西奈半岛的沙漠和阿拉伯沙漠。这些沙漠和红海最初有效阻隔了任何进入埃及的企图,同时也限制了埃及人离开自己的国土与外界接触的可能。另外,在那么早期的时候,还没有人在地中海上航行。因此,埃及文化是在绝对的孤立中发展的——这对于一个高等文明来说是绝无仅有的。这种孤立让埃及在真正意义上诠释了"无可比拟"这个词,而且在这样的条件下,任何事对于任何人来说都没什么改变的可能。

这里可以做出一个关于教学步骤的建议,以结合地理事实的形式开始教学是很好的,但有一点要小心,就是不要以完全非历史的意义应用

"埃及"这个词。古埃及人的埃及指的就是最初的尼罗河流域，没有埃及人会把王国周围的沙漠称为"埃及"或者说"埃及96%的国土都是沙漠"。当今埃及的领土已经超越了从前所谓的"两个王国"——上埃及和下埃及。接下来，以尼罗河流域的特征为入手点，我们可以深思这个地形对当地居民心性上的影响。在这里谈到自然产生的保守主义就是合乎情理的，当然这与后来埃德蒙·伯克提出的"反革命"保守主义完全是两回事。

接下来的方法是为了让学生逐渐充分地意识到，他们自己就可以推导出：在这样的地形条件下，人的心性如何。毕竟问题的关键并不在于地形对人的心性有什么直接影响，其决定性的关联其实在于人们的生活方式。环境让一种或多种生活方式成为可能，这些继而在一定程度上塑造人的思考、感受、意志。让学生想想：对一个人来说，生活在一个永远无法预料下个星期天气的地方（比如欧洲中部）意味着什么。或者让他们讨论：生活在一个很难纵览全貌的地形中又意味着什么，比如多丘陵或山脉的国家，总是呈现出森林、牧场、田野和草甸等不同的地貌。相比之下，现在我们清楚地知道，除了四五月间可能发生的沙尘暴，埃及其实仅有一种天气，而决定埃及"天气"的唯一因素是：太阳。接下来我们便开始讨论太阳对埃及人的生活和信仰的重要意义。生活的给予者有两个：尼罗河和太阳。夜晚气温骤降，清晨太阳几乎是直线上升，黎明的时间非常短暂。阿肯那吞的诗用最直接和饱含情感的体验将这种昼夜的对比表达了出来：

夜晚

当你垂落西方的天际，
大地如死亡般陷入黑暗。
人们在屋里蒙头大睡，
连鼻子也塞住，

谁也看不见谁。
他们脑袋底下的东西被人盗走也毫不觉察。
狮子全都离开巢穴,
毒蛇也开始刺探。
黑暗盛行、大地无声,
因创造它之人正在天际休息。

接下来这首诗与上面这一首形成了鲜明对比:

白昼与人

当你在天边起身,
当你,阿顿,照耀着白昼,
普世光明。
你驱走黑暗,送来光明。
上下埃及每日欢庆。
因你的呼唤,
人们苏醒站立,
洗净身体、穿上衣装,
高举双臂敬拜你的降临,
世上之人皆开始劳作。

这种纯粹的简单,这些文字所传达的全然、直接的体验仅有一个解释,那就是现实,而且这是仅由单一显著因素所主导的现实——太阳。

面对这种对于现实的单纯、简单的理解,我们还可以特殊考量一下其中的内在态度。埃及人接受着世界本来的样子,并认为一切本该如此,这在他们的文字和语言中体现得很清楚。他们的书写系统最首要的特点就是它始终保持着图像的形式,并没有发展出抽象字符。提炼字符首先要有能力对词语的整体进行解析,并将其简化为部分,这就意味着有能力以抽象和概括的形式去理解指定物体。这种能力却是埃及人不具备的，他们在最大程度上保留着印象和知觉。埃及，即尼罗河流域就像煎饼一样平坦，因此代表它的象形文字是 ▬ 。埃及周围的世界——沙漠和其他国家——呈现的是山脉和山谷，所以代表"异地"的象形文字是 ⌴ 。类似的还有 ⌴ ，代表"山脉"，即埃及西部和东部边缘的山脉。埃及的语言也用类似的方式来表述地形：南边被简单地称为"上游"，北边则是"下游"。到了新王朝的帝国时期，当埃及人遇到幼发拉底河和底格里斯河，他们彻底困惑了。他们称这两条河是流向下游的水又逆流回到上游，类似的，埃及人也不知道雨水是什么。阿肯那吞给太阳神的诗里说：

> 就连远方的国度，你也给它生命。
> 你给了他们一条在天上的尼罗河，
> 它为他们而降落，
> 在山谷蜿蜒流淌，
> 浇灌那里的田野。
> 天上的尼罗河是属于异乡的，
> 但真正的尼罗河从地下而来，
> 它只属于埃及！

在其他地方也是一样，世界其他地方很明显是有别于埃及的，因此也就有悖于"正确"。埃及地势平坦、一览无余。尼罗河是绝佳的交通航道：船只可以借水势漂向下游，也可以借风力逆流而上，所以所有向南的船都扬帆而行。亚洲世界却是多么不同啊！一个埃及的抄写员给家乡的同僚写信说："你找不到去梅格尔的路，那里的天空在白天也是黑暗的，那里杉树和柏树丛生，高高地耸入天际。恐惧威慑着你，让你的头发全竖起来，手掌心里捏着自己的灵魂。路上也到处是巨石瓦砾。"另一封类似的信也抱怨说："亚洲的土地是无路可走的，因为那里遍布着高山林地。"

在这样的情况下，埃及人会认为只有埃及人才是真正的人，也就不足为奇了。"埃及人"这个词就是"人"的意思，亚洲人和非洲人则有别于"人"。这并不是在人种或种族概念上的人，异乡人如果在埃及生活得足够久，并接纳了这里的语言、着装和生活方式，则可以成为"人"。然而，尼罗河流域的孤立和独特并不是埃及人赋予自己如此意义的唯一原因，令他们自豪和自信的真正原因就蕴含在这片土地的文化——随着上下埃及统一发展出的文化之中。这个王国实现了一个有持续自我更新能力的统一政体，它无疑是来自统一"两个王国"的纽带——尼罗河的馈赠。在二者之间伫立着孟斐斯城，最初叫作"per-aa"，意为大房子，我们的语言后来将其引申为统治者的称谓——法老。这个王国向一个在埃及被称为"ma'at"的基本品德看齐，这个词是不可译的，很难找到哪一个德语单词能涵盖与其相当的意义和微妙含义。ma'at 有时被翻译成"真理""公正""正义"或"秩序"。ma'at 通常指良好的统治和管理，但这个概念本身是有着宇宙之源的。它表达了这片土地之于埃及人的本质和存有，表达了那股创造了埃及的力量。ma'at 就是和谐、秩序、稳定、安全的宇宙之力，它源于创世之初，是组建万物的力量，而且每一个新的国王继位，都要对它行礼重申。国王每天在神庙祭拜时也要再一次重申：国王将在神的委任下，以 ma'at 的精神统治。因此，国王——太阳神拉之子——他自己就是来自宇宙的力量，他的一个职责便是确保他的子民受其眷顾。他统治着河水，让埃及的土地丰饶："尼罗河为他效劳，而他——国王——打开了它的洞穴，为埃及赋予生命①。"

所以我们看到，在埃及，自然的伟大力量和王国的伟大秩序是紧密纠缠在一起的，因为此二者其实毫无二致：它们就是秩序与和谐——ma'at，以及宇宙和人类品德之根本。无须赘述，这个品德还决定着死者王国、

---

① 出处：John Wilson, Ägypten. In: *Propyläen Weltgeschichte*, vol. 1, Berlin 1961, p. 352.
　　And: John Wilson, "Ägypten." In: *Frühlicht des Geistes*, Stuttgart 1954, p. 80.

尼罗河以及所有世间已知的事务。也许以这种极简状态为根本的世界秩序与和谐恰好可以映射金字塔的存在，世上还有任何地方的建筑拥有金字塔这样的简单性吗？有任何建筑不是作为象征，而是其本身就是清晰和秩序吗？金字塔在古时候是绝对光滑和平坦的，是太阳底下闪烁着白光的三角形。事实上，它本身就是光和纯净，是命定的国王走向天神的一束日光大道[①]。

希腊人的生活、海洋与土地

如今希腊的领土比起古希腊是既多又少。在古典时代，马其顿并不算是希腊的一部分，不过小亚细亚海岸线上的米利都、以弗所、福西亚等则都是希腊的城市。爱琴海是当时希腊世界的中心，大概在这个中心的中间位置是提洛岛，就是在这座岛上的一棵棕榈树下，勒托生下了阿波罗。自公元前 8 世纪，希腊人开始迁离爱琴海中心，在更加舒适宜居的黑海和地中海沿岸定居下来：马西利亚（马赛）、尼西亚（尼斯）、麦纳克（今大的马拉加附近），此外还有锡拉库扎、陶尔米纳、雷焦、那不勒斯。用柏拉图的话说，地中海岸边的希腊人就像一个池塘边的青蛙一样。海洋就是希腊人呼吸的空气，是他们的生活要素。色诺芬在他的《长征记》中谈到了这一点，他描述了 10 000 人在小亚细亚经历了漫长的远征后，终于看到了塔拉萨（海洋）的愉悦。海洋铺平了回家的路，甚至它本身便已是"家乡"。

希腊的土地是零散隔绝的，山脉划分出一片片区域：在拉科尼亚和麦西尼亚之间耸立着高 2400 米，蜿蜒绵长、积雪覆盖的泰格特斯山脉；基泰隆山和帕尼萨山隔开了阿提卡与维奥蒂亚；温泉关附近高 1300 米的

[①] 出处：I.E.S. Edwards, *The Pyramids of Egypt*. Harmondworth, 1961, p. 288-292.
And: Frank Teichmann, *Der Mensch und sein Tempel*. Stuttgart, 1978.

卡利兹罗莫山屏蔽了通往福基斯和维奥蒂亚的道路。我们可以继续用这样的方式来描述希腊的地形和山脉，但结果无不清晰地表明，其交通和运输的主要路线最终都通往海洋——陆地虽然隔绝，但海洋是相连的。许多被山脉隔开的平原或山谷地区都依托自己的地形组成了独具特色的部族，单是方言的数量就已令人惊讶，阿提卡语的 Poseidon（波塞冬）是 Poseides，爱奥尼亚语是 Posides 或 Posideon，伊奥利亚语是 Poseidan，塞萨利语是 Poteidun，维奥蒂亚语是 Poteidaon，多利安语是 Poteidan，斯巴达语是 Pohoidan，亚加亚语是 Posoidan。不过方言的变化其实仅代表了各个部族和地区的特征，它们的差别就好比塞萨利的宽广平原上供养着马匹，而阿提卡那布满石头的山区则盛产橄榄、葡萄、玫瑰、紫罗兰和番红花，这些物产在古典时代声名远播。

古代希腊连接着两片大陆——亚洲和欧洲。特洛伊、米利都（泰勒斯的家乡）、以弗所（赫拉克利特生活过的地方）、哈利卡纳索斯（希罗多德的家乡）都在亚洲；雅典、斯巴达和底比斯是欧洲城市。在欧亚之间的基克拉迪群岛和斯波拉泽斯群岛则像是海里的踏脚石一般，这些群岛让水手们仅凭自己双目所及的范围便能够跨越爱琴海。两侧的海岸，不论欧洲还是亚洲，都敞开怀抱欢迎水手们，为他们提供自然的港湾和平坦的沙滩。正是这样的地势和特征，让希腊成了一座桥梁，连接着古老的东方文化和从西北乘风破浪涌向南方的年轻人们。埃及和亚述的文化脉动由南方和东方而来，腓尼基的水手们将其传播，后者则演变成了希腊字母。后来出现了波斯人的威胁，通过与其抗争，希腊人第一次意识到了自己的人格。最终，基督教从东南方而来，其最伟大的使徒保罗经过小亚细亚来到特洛伊。他的道路将他一路引向萨莫色雷斯岛、腓立比、帖撒罗尼迦，最后到达雅典。然而从北方迁徙到东北的却是印欧语系民族——爱奥尼亚人以及更北方的伊奥利亚人和亚加亚人。600 年之后，大概到了公元前 1300 年，第二波迁徙开始了，这是多利安人迁徙的高峰期（约公元前1100—前900年）。马其顿人的征战则可以看作北方民族的第三次大迁徙。地形多变，缺少宽阔的河流或大面积平原，以及不可逾越的高耸山脉，这些都无疑是北方人侵略的原因——因为他们那里没有建成伟大王国的余地。这些人流到了希腊的地形中势必会分散开来，水手们更是可以随意造访这片土地上的各个地区，那么想要从整体上视察或者统治他们就不那么容易了。因此，半岛零散的地形本身就已使其居民免受任何形式的大规模统治，进而为小范围的自由自治创造了条件（与瑞士联邦很像）。来自东南方的文化影响也很难强加于希腊人，他们保留着自己的选择——对于哪些影响要保持开放，哪些要行动起来予以反抗。因此，希腊不仅在西北与东南之间架起了一座桥梁，这片土地本身就处在不断中和南北方影响的平衡之中。

与这种平衡相一致的是，希腊人的生活也是平衡的。人们既没有受迫于过度的贫穷，也没有被富裕宠坏。贫瘠土壤上的收成刚好满足生活所需。在古典时代，饮食是较为匮乏的：肉类稀少，是难得的奢侈品；鱼类是为星期天准备的；日常饮食就是面包、橄榄油、葡萄酒，外加一点蔬菜。希腊人就是以这些食物为生的，这一点从诗人、哲人和政客的寿命上就看得出来。超出了土地收成的欲望是由手工艺和贸易满足的，希腊人在相当早期时便开始发明创造，很快，每个地区都出现了不止一门专业：阿提卡出口极好的罐装橄榄油，米利都是花瓶和织物，米洛斯岛是大理石，斯科派洛斯小岛盛产葡萄酒，塞萨利供应椰子和油杏仁。有了这许多的贸易往来，商业繁荣了起来。手工艺强化了自信心，人们知道自己有能力达成某种成就。商业也同时发展了智力——不论是为恶还是为善。如果手工艺存在于乌尔或者埃及这样的神权制度中，它就是服务于全体的，它不过是无上权力秩序中小小的一环。然而在希腊，手工艺并不服务于宗教或祭司王，而是通过贸易满足了大众需求。贸易鼓励了流动性和知识传播，并帮助人们摆脱背景的束缚。在古代的神权政体中就不存在这样的自由贸易。

希腊人对人产生了浓厚的兴趣，奥林匹斯诸神明显地表明了这一点。他们不再是超乎于人，长着动物头颅，神情坚定、面无表情的神，《荷马史诗》的神是人神同性的。只要想想数不清的关于阿瑞斯、阿芙洛狄忒、赫菲斯托斯、宙斯和赫拉的传说——他们都是以人性为特征的。众神之父宙斯不是一个暴君，而是同辈之中居首位者。看起来希腊这片土地本身更偏向于人的意义与价值，因为它并没有预设太多东西，而且凡事都有人的参与。因此，普罗塔哥拉才能提出这样的哲学命题："人是万物的尺度，是存在者存在的尺度，也是不存在者不存在的尺度。"与之相关的另一句重要箴言就是人们在进入德尔斐神庙时看到的那句："凡事勿过度！"在这里，"均衡"这个主题再一次呈现在我们面前。

希腊人自己考虑到了地形对生活方式和人的性格的影响，我们如果想想，希腊几乎所有的居住地都在海岸线的 50～70 千米范围内，那么这里显然浮现出另一个巨大的影响。柏拉图《法律篇》的第四卷中有这样一段话："一个地区若有海水的冲刷，当然很好地满足了一些日常需求，但实际上海洋也是一个激烈、无情的邻居。它促生了商业和买卖贸易，带来了金钱，但它也滋生浮躁和不值得信赖的人心，让市民失去对彼此的忠诚和爱戴。"从这段话可以看出，柏拉图是一个苛刻的道德思想家，他与希腊的许多著作者都格外强调一种消极性[①]。我们得认同柏拉图所说，自我主义是贸易与商业必然会造成的一种职业病；我们也免不了补充，只有智慧的自我主义才能取得长久的胜利。商业迫使人们去算计和警觉——人们必须观察市场形势以及民众需求；从事海上贸易必须保持警戒，以应对海盗和暴风雨的威胁，而且并不是所有的海岸都适合登陆。不过渐渐地，商贩们越来越熟悉这个世界，他们看到了各种各样的生活

---

① 参见希波克拉底：《论风、水和地方》。

和谋生的方式。他们在迦太基看到地毯是怎么编结的，在埃及了解到莎草纸的制作，又在其他地方遇到了采矿。回到家乡雅典，他们得应对各种各样的行业：有一个铁匠是锻造盔甲的，还有一个是造头盔的，另有一个是做镰刀的，甚至还有一个做喇叭的。接触到如此不同的世界让他们的精神变得灵活——他们必须去适应每一位买主和卖主，同时还要牢记自身的优势，才智就是这样被发展出来的。传说中米利都的泰勒斯也发展出了这样的商业智慧：他走在橄榄树林中时，注意到这里将迎来一次橄榄大丰收，于是他承包了城里所有的榨油商，形成了这样的垄断之后，他就可以自己制定价格了。

在商人这种老练、狡猾的形象背后，即他们的精神祖先——足智多谋的奥德修斯——他当然不是一个商人，但至少算得上是一个水手。计谋能起作用还有赖于对手的愚钝：木马骗过了特洛伊人——他们的个性就注定会把这个伪造物当作神来之笔；"没有人"这个名字愚弄了波吕斐摩斯。实际上，地米斯托克利也是凭借着一条计谋两次骗过了波斯人，击退了强大的波斯国王，赢得了萨拉米斯海战的胜利。

狡猾和才智来自商人的生活方式，随之又在手艺人的创造性中得到了校验，而将贸易和手工艺结合到一起的地方则是集市。现代的经济思维将市场的概念缩略为根据供需关系制定价格的地方，而雅典的集市"安哥拉"却不仅如此——它是人们集会的地方，是进行大型政治演说和政治斗争的地方。然而一个国家的命运怎么可能在集市上商谈呢？原因就是集市上交换的不仅仅是货物，还有经验。通过交换经验，通过对话和叙述，想法便会产生，进而再自由讨论。于是这个作为讨论场所的集市便成了学习的基础，而且毫无疑问，苏格拉底就是出现在这个集市上的，他通过对话换来了人类的洞见和智慧[①]。苏格拉底在对话中有他的听众和伙伴，然而这件事本身却得益于集市上那种健谈的氛围。有人说逻辑和

---

① 柏拉图：《苏格拉底的申辩》。

理性思维——那些附着于表面现象的图像思维——诞生于希腊，那么它的诞生之地就是集市，伯里克利这样的人物就是在这里的集会上发表演讲，力图用理性说服民众。

上文已经表明，土地的条件和性质激发并促进了勤劳、商业、智谋、进取心，以及对世界的认知。此外，我们还提到集市是人类精神得以以思想的形式公之于众的地方。然而这些论述绝不意味着商业起源于土地的条件和性质，哲学起源于集市。土地和位置、商业和市场并不是精神的成因，土地和位置鞭策人类采取特定的态度，然而人类回应这鞭策所采取的行动却仅是某一种可能性。土地或海洋可能会激励或有利于某些事情，但贸易不是土地和海洋创造出来的。雅典的集市，实际上整个雅典城都无疑是苏格拉底的根基——他毕生的使命，甚至他的死亡。这也是为什么根据对话的记载，他拒绝离开这座对他有着死亡威胁的城市。毫无疑问，苏格拉底和柏拉图的教诲、菲狄亚斯和索福克勒斯的艺术创作只有在希腊才有可能出现——在我们所描述的这种平衡条件下。但是思想之内容、艺术作品之美的成因自有其内在的精神规律，希腊只是为它的显现提供了舞台。

以下小结有助于阐明地理信息的重要意义：

埃及

尼罗河——作为一个统一的元素，促进了统一政体的形成（神权政体）。

国家被沙漠隔绝，带来了2000年的文化稳定，并阻碍了对外来人口和事物的了解。

尼罗河流域的一致性和多产性、洪水泛滥的规律性将思维僵化地限制在确切的现象上，文字始终关联于外形（象形文字）。

生计的主要来源——农业——完全在尼罗河的掌控之中，生活再无其他决定性因素。这致使人们顺应命运、唯命是从，因为除了尼罗河谷之外无处可逃（例外：以色列！）。保守的心智和农民的虚幻意识。

法老控制国家经济，约束经济关系。祭司以固定的思维模式统治、影响着精神生活。

希腊

土地的多样性鼓励了许多较小城市的发展（城邦民主政体）。

土地的开放性、航海的必要性使不同文化和民族相遇，促进了对于外部世界的了解和兴趣，这一点被细致地记录了下来（希罗多德等）。

土地的贫瘠激发了创造性和进取心，水手学着去对照各种各样的见闻并发现其中的共性。分析思维、分析性的文字体系开始形成（字母）。

生计有了手工艺和自由贸易等来源，每个人都是自己财富的建筑师。许多希腊人移居外乡（西西里）。高压政治无法成立，人们开始认识到个人成就，并发展出思维的灵活性。

逻辑论证在日常政治争辩中的重要性。

集市经济带来经验的交换，人们自己约束自己的经济关系。对话式思考发展出论辩（苏格拉底）。

最后，我们可以简单看一下政治历史与希腊人新的心态有何关联。在希腊内部，斯巴达与雅典的对比恰好缩略地重复了埃及与希腊的对比。斯巴达位于一个被高山环绕的狭窄山谷中，更加依赖于保守的土地力量。在斯巴达特有的土地上，海洋被泰格特斯山东脉的山脊阻隔在视线之外，因此山谷的南边就被封闭了起来。雅典则截然相反——它一直延伸到海上半岛，从卫城就可以看到海，可以看到萨拉米斯海湾和埃伊纳岛。土壤的贫瘠让希腊人注定成为手艺人和水手。

然而斯巴达和雅典的对比绝不仅仅是自然条件决定的，这种对比经由洞察和意识被进一步强化。二者都自行选择了立法者，通过自由制定的目标和计划来塑造社群生活，是这一点将斯巴达和雅典的对比提升到了更高的、唯希腊独有的层次。在斯巴达制定法律的人是来库古，他的一项最有力的举措就是采用了铁制钱币，结果是斯巴达不可能与外界建立贸易往来。通过这样的方式，来库古强化了斯巴达的孤立性，并成功让农业成为当地唯一的生计来源，斯巴达人的保守性也得到了巩固。来库古的另一项举措是给斯巴达人平均分配土地，这就消除了任何经济上的野心。第三项举措是对于孩子完全无差别的教育。从这个意义来讲，来库古在希腊创造了一个埃及——这是高了八度的希腊意义上的埃及，因为其行为是由思考所控制的。就这一点而言，有趣之处在于斯巴达的法律连续 500 年保持着稳定，而善于尝试的雅典在这一时期大概经历了 7 次法律的变革。公元前 594 年，梭伦在德拉古之后成为立法者和调解者①。这里我们只会提及梭伦的一项举措，即他所实施的"货币改革"，它取代了雅典人与埃维厄-米利都人所使用的埃伊纳标准。由于钱币被分成了更小的单位，雅典人得以进入米利都人的贸易范围，与科林斯人展开竞争。梭伦就用这样的方法刺激了商业和手工艺的发展，他寻求并实现的事情与来库古对于斯巴达的愿景截然相反——梭伦将雅典更多地向世界敞开，并为其未来在海上的势力奠定了基础。雅典的教育虽然包括了体操和音乐，却几乎主要是在剧院进行的。正如亚里士多德所说，剧院教人怜悯。有了怜悯，即与他人共苦之情，人才能学会理解，而雅典人把这种理解提升到了甚至与今天比肩的高度。公元前 470 年，埃斯库罗斯写了一部戏剧，讲述希腊人迎战波斯人取得的胜利。我认为这部戏剧的伟大之处在于，它丝毫没有欲望从希腊人的角度去看待这场战争，其中甚至没有提到任何一个希腊的将领。埃斯库罗斯刻画了波斯人的挣扎，他甚至要求他的雅典同伴在情感上设身处地去饰演波斯王后阿托莎，她居住在苏萨，从苏萨人的视角讲述萨拉米斯战役——这是自我牺牲的顶峰。至此，埃及人那种自我中心已经了无踪迹，思考的意识已经延伸到了未知的世界。

---

① 研究希腊历史和文化的文学作品非常丰富，这里参考的是 H. D. F. 基托的《希腊人》。

第十一章 十一年级历史的几个方面

在华德福学校十一年级的课程中，历史课与德语课是密不可分的，其中主要讲的是沃尔夫拉姆·封·埃申巴赫的《帕西法尔》和哈特曼·封·奥厄的《可怜的亨利希》。在阅读这两部史诗的过程中，我们会注意到同一个奇特的事实——两位诗人对中世纪的描述都有着非凡的广度。可怜的亨利希是一位士瓦本骑士，他认得蒙彼利埃的医生，也知晓通往萨莱诺的路；帕西法尔的序诗和故事发生在东方的巴格达，南方的加普亚、塞维利亚和托莱多，以及西方亚瑟王的传奇之地。史诗通晓宫廷和骑士世界，也知道奇迹城堡和圣杯城堡，但奇怪的是，它对于教皇或皇帝、由僧侣组成的众多兄弟会，以及大主教和红衣主教却只字未提；此外，它还没有提到经院哲学的神学概念——这本来是中世纪很常见的。而取代了这些内容出现在史诗当中的，是关于圣杯的传统。事实上，《可怜的亨利希》、沃尔夫拉姆的《帕西法尔》、克雷蒂安·德·特鲁瓦和戈特弗里德·封·斯特拉斯堡、基督教的《亚历山大之歌》等诸多传统叙事诗都表明，中世纪的精神生活对于历史和世界有着如今已经遗失了的理解和洞察，而这恰好能给我们所熟知的历史赋予更多意义。

特雷弗里岑特在受难日对帕西法尔说："人的本性真是既奇怪又狂野。"这种"狂野"正是日耳曼部族在8—10世纪的特征，同时也是年轻的帕西法尔的特征——他杀死了伊瑟。帕西法尔被一步步地引向一种新的性情，这个旅程从他听从古内曼兹的话开始，到圣杯城堡的失败，再到"zwîvel"——怀疑、动摇——一直到振作之后继续寻找。中世纪的历史也经历了这样的旅程，我们可以试着对中世纪的社会发展做出同样的描述，比如尝试去阐明：自基督教产生的脉动是如何转化当时的社会的，同时又是如何被引入 zwîvel 或接近奇迹城堡的范围的。有了这样的内在主线，我们就可以问问自己该从哪里入手以及如何开展教学了。

三个遗产

在十年级教的古典时代历史，以公元前 338 年喀罗尼亚战役结尾，即希腊式自由的陷落。那么十一年级的主题——正如我们所知——就是中世纪史。历史老师面临的第一个问题就是：要不要把基督教的诞生、民族大迁徙和伊斯兰教这些内容统统省略，直接从墨洛温王朝和卡洛林王朝开始讲中世纪史。我认为这是一种可行的办法：这么做的优势是允许我们更加彻底地学习中世纪史。但我个人一般还是会选择另外一种方式，因为我相信，如果不联系到古典时代，中世纪史是非常难懂的。当然这里的重点并不是快速浏览一遍整个罗马历史和民族大迁徙等，而是将注意力集中在古典时代那些逐渐演化成了"西方文明"的重要元素。因此，历史板块可以首先概括出古典时代的三个遗产：希腊的思想、犹太教的历史起源以及罗马帝国。到了中世纪，这三方面就在基督教的旗帜之下汇聚到了一起。

在中世纪发挥重要意义的希腊思想以柏拉图和亚里士多德为顶峰，如果学校没有开设哲学课，这就是学生了解这些西方思想之父的唯一机会。如果我们已经通过洞穴寓言介绍过柏拉图的基本哲学命题，那么这个年纪的学生是可以很好地理解他的。于内在，学生已经理解这个寓言，他们已经知道：通往真理的道路是痛苦和不易的。若是想刻画出柏拉图和亚里士多德的不同，可以针对他们的政治理论展开讨论。柏拉图构想出一个理想国；亚里士多德则描述了希腊城邦的法制，在当下的现实中探寻国家的意义，他还认为凡有生命之物皆存在于其内在，即"隐德莱希"（entelechy），而思想只有理解了外在形式才能进入其内在。在古希腊时期，这颗"思想的种子"被广泛传播：其中一部分由奥古斯丁、波菲利①和波爱修②带到了西方，另有大量亚里士多德著作直到晚些时候才因为伊斯兰教的传播而被更多学者所熟知。

在历史上，犹太教也是不容忽视的。希腊思想将这个被创造出来的世界、这个空间中的世界作为其主旨，但真正在世界历史上建立起西方思想的，却是犹太人。希腊人和罗马人认为历史是一个循环，犹太人却将其视为人性之泯灭和弥赛亚之救赎的故事——这个过程有其开端，而后经过多重危机（大洪水、巴别塔的语言混乱、埃及与巴比伦的囚虏），最终向着一个目标而奋进。这种观念不断在人类思想中重现，认为每个个体的生命都是通往某个目标的朝圣，历史和人类活动也因此而有了意义。奥古斯丁、弗赖辛的奥托、费奥雷的约阿基姆以及其他许多人都继承了这样一种对世界史的认识，因此这个思想的现实意义也远远超越了中世纪本身的发展。

谈到中世纪，几乎所有历史学家都很清楚罗马的法律概念和帝国观念的重要性：实际上，帝国的复辟正是中世纪的驱动力之一。然而对老师来说，问题总是在于如何在非常有限的几节课里概括出这里的重点。有一个可能性是限定在罗马宪政这个范围内，描述那些以平衡、控制以及合理选择为目标的原则，其中包括：共同掌权（同僚间关系友善）、年制任期（官员任期一年）、行政长官（元老院）、平民官员（护民官）、官

---

① 译者注：波菲利，古罗马唯心主义哲学家，新柏拉图主义者。最初在雅典跟随朗吉努斯学习，后到罗马随普罗提诺学习了5年。普罗提诺死后，波菲利将普罗提诺的54篇著作编纂成6卷，题名为《九章集》，并附有普罗提诺传记。波菲利还著有《与阿奈玻论魔鬼书》《普罗提诺传》《毕达哥拉传》《反基督教徒》以及《亚里士多德导论》等。

② 译者注：波爱修，东罗马帝国哲学家，曾任执政官，是欧洲中世纪开始时一位罕见的百科全书式思想家，在逻辑学、哲学、神学、数学、文学和音乐等方面都做出了卓越的贡献，有"最后一位罗马哲学家""经哲学第一人""奥古斯丁之后最伟大的拉丁教父"之称。波爱修认为"种"与"属"是头脑在感觉的基础上加工的结果，共存于事物之中，而其本身却是非物质性的，解释了基督教神学中"三位一体"和神的存在等教义。

职继任，以及"ius provocationis"——意为被判死刑的市民有权利向人民议会申诉。另外一个可能性是描述公元 100 年前后，罗马帝国统一成为一片秩序与和平之地。

古典时代的这三个传统在使徒保罗的生平和游历中汇聚到了一起。在塔尔苏斯出生的保罗虽是罗马公民，却有着犹太血统、法利赛派[①]背景，而且说着希腊语长大。他逐渐了解到古典时代的城市生活——竞技场和剧院、法庭和贸易。他一定读过希腊语的旧约，但他年少时也学习了犹太人的神圣语言——希伯来文。他在法利赛人迦玛列[②]门下严苛地受训，学习教宗的律法。《使徒行传》讲述了他后来的人生：行往大马士革之路，在沙漠中转变了信仰，第一次遇见彼得，以及引领他去到塞浦路斯、安提俄克和希腊的伟大使命；他后来又去往腓立比、帖撒罗尼迦、雅典、科林斯，特别是以弗所，最终在耶路撒冷被逮捕后判处死刑。然而作为一个罗马公民，他有权行使 ius provocationis 向皇帝申诉，随后被带到了罗马，人们普遍相信他在那里走到了生命的尽头。

正是保罗其人让基督教从犹太教中衍生了出来，他能够作为希腊人和罗马人去面对希腊人和罗马人，他能够运用思想和图景来表达，并让整个地中海世界都能理解。就这样，于罗马帝国的内在——这个逐渐老化并走向最终的没落和灭亡的帝国——出现了一个隐秘的新世界，这个世界由基督教的信徒组成，他们以信仰为生，他们的生命接收到了全新的意义和目标。曾经只是秘传给被选择的少数人的东西——死亡之谜的解开，超脱于当下世俗存在的视野——到此时已成为群体的共同体验，成为餐会上的面包和葡萄酒。整个古代世界都在基督教义中找到了解答：

[①] 译者注：法利赛派是犹太人一个突出的宗派，曾在耶稣的时代很流行，但过于强调摩西律法的细节而不注重道理，有些人（包括转变之前的保罗）反对耶稣基督的福音信息。他们夸大了对摩西律法的敬重，要求所有人都完全遵守，还在守法的问题上顶撞耶稣，特别是守安息日。

[②] 译者注：迦玛列是伟大的犹太教师希勒尔的孙子，第一世纪中叶犹太公会（Sanhedrin）中最主要的权威人士。在《使徒行传》中，迦玛列被描述为一个法利赛人和摩西律法的著名学者。

柏拉图关于理念和实质的二元思想在基督教变成了上帝与人世的对比；个人的思想——比如公正——变成了上帝的贡献。在基督教之前的天神也是一样，狄俄尼索斯、密特拉和伊西斯身上所有的神圣性都成了基督的。罗马帝国消亡后，城市里的主教和宗教统治者接掌了管理职能。早在西庇阿时期形成的罗马思想，被教权继续传承了下来。主教和红衣主教指任元老院职位；对尤西比乌斯和安波罗修而言，罗马帝国就是通往基督教王国，即教廷的前序步骤。最终，历史的终点——审判日——也是源自犹太教的历史观，这种观念与情感对话，赋予生命意义和方向。

中世纪早期——运动和开放

在历史地图上，中世纪各王国的疆域通常是界限分明的，它们被标记为不同的颜色，就像现代国家一样。然而中世纪的现实却是，从民族大迁徙一直到12世纪，整个世界都在运动当中。骑士、传教士、朝圣者、漂泊的和定居的部族，甚至连德国的皇帝也几乎总是在旅途中，而他们的人生就反映在其路线当中。日耳曼民族的迁徙和伊斯兰教的传播这样的大规模外部运动标志着古代地中海世界的衰退。普遍认为，民族大迁徙是在伦巴德王国建立时接近尾声的，但是运动并没有就此终止，甚至离终止还差得很远——公元711年，阿拉伯人侵占了西哥特王国；公元774年，查理曼征服了伦巴德。至此运动仍在继续，公元9世纪的历史是由诺曼人和瓦良格人的远航和征战所定义的，他们不仅侵入了英国和法国，还作为商人沿着第聂伯河进入君士坦丁堡，甚至经伏尔加河和里海一路抵达巴格达。直到西西里被诺曼国王罗杰征服（1061年），英国落到威廉手上（1066年）之后，不安定的局面才平息下来。但人们很可能会说：这些运动和迁徙的背景解释了为什么欧洲许多地区的领土都不是封闭的。在多地发起的精神运动也很快传播到了整个欧洲，爱尔兰的僧侣活跃在英国、法国和德国,并一路到达意大利,诸多活动地点中包括:格拉斯顿伯里、吕克瑟伊、赖兴瑙岛、圣加尔、维尔茨堡、维也纳、博比奥。能代表这许多活动的名字有:高隆庞、加尔、基利安、阿尔古因、约翰内斯·司各特·爱留根纳。还有一些团体的活动覆盖了整个欧洲,那就是大规模的修道院改革运动:克吕尼、熙笃、方济各和多明我。云游的僧侣将新思想传遍了整个西方,不过并不是所有运动都发起于教会。令人不解的是,在欧洲生活的表面之下还存在着异教派别——鲍格米勒派①和纯洁派②,这些运动是如何从保加利亚经过意大利北部来到法国的,我们也只能揣测。另外就是吟游诗人的运动了,11—13世纪,这些来自法国南部和西班牙北部的歌者刺激了欧洲中部宫廷抒情诗的发展,相较于修道院文化,它们建立了一个完全不同的世界,然而其根源却几乎不为人知。总之,我们可以推断出,许多传说和故事就是由这些不知名的歌者在欧洲广泛传播的。《尼伯龙根之歌》是13世纪初在奥地利多瑙河畔创作而成的,但是众所周知,尼伯龙根的故事源自法兰克人的传说和歌曲,这些传说和歌曲也流传到了冰岛,在1230年前后被编撰在《埃达》③当中。在这方面更加奇怪的就是亚瑟王传奇的传播,里尔的阿兰曾于1170年这样写道:"基督王国还有哪片土地上的人没有听闻过鼎鼎大名的不列颠人亚瑟呢?谁不曾谈到过不列颠人亚瑟,他在亚细亚的名气一点也不比在布列塔尼小,因为回到东方的朝圣者也传颂着他的美名。"实际上,

---

① 译者注:鲍格米勒派,中世纪基督教异端派别,12世纪流行于保加利亚及巴尔干半岛各国,其创始人称"鲍格米勒"(古斯拉夫语,意为"爱上帝者"或"上帝之友"),故名。该派号召人们拒绝履行封建义务,不向国家权力屈服,反对官方教会关于上帝创世完美无缺的教义,提出二元论的创世说。

② 译者注:纯洁派于1143年首先出现在德国科隆,很快就传到英国、西班牙、法国南部及意大利北部。它继承了早期(异端式)贫穷运动的遗产,再加上鲍格米勒派的二元论,形成了一个在教义和组织上都颇为健全的教派。他们像宗徒一样周游宣讲,并实践严格的苦修。

③ 译者注:冰岛史诗《埃达》是中古时期流传下来的最重要的北欧文学经典,也是在古希腊、罗马以外的西方神话源头之一。它的含义现已无从考证,有人认为它的意思是"诗",另有人认为它是冰岛南部学术中心奥迪的变音,可能表示"奥迪丛书"的意思。

1100年前后建成的摩德纳大教堂还有亚瑟的画像，1166年的奥特朗托大教堂也有他的镶嵌画。早在公元8世纪，朝圣者、吟游诗人和商人便已往返于欧洲和拜占庭帝国，到了哈伦·拉希德时期，耶路撒冷甚至已经出现了招待基督徒的旅店。哈伦自己也向查理曼派出了著名的使臣，这表明他在西方世界的事务上消息灵通。早在中世纪的宗教战争很久以前，加泰罗尼亚和西西里就成了与阿拉伯世界的连接点——阿拉伯的文化和科学就是经由这里传到了欧洲。早在公元967年，欧里亚克的热贝尔——后来的教皇西尔维斯特二世——就到了加泰罗尼亚，并在那里学习。当时的热贝尔只是孤身一人，然而150年之后，阿拉伯文化便经由加泰罗尼亚、西西里和萨勒诺源源不断地流入了西方。

如果我们在这个层面上理解中世纪历史，它已然呈现为一部大运动历史。我们并没有讲述从皇帝到皇帝、从教皇到教皇的历史，而是讲了真正的文化史。接下来，我们便可以用这些运动来解释中世纪的几个演化阶段。第一个阶段就应该是基督教的传教，它开始于爱尔兰和欧洲南部，在向西北部传播的过程中不断扩大了影响力。第二个阶段是卡洛林文艺复兴时期的修道院文化，它结合了来自爱尔兰和欧洲南部的两股影响，并将其延续了下去。在许多方面，这些修道院不过是些小空地上的小房产，周围是仍显荒蛮的林地和沼泽。这也折射出那个时期的幻想生活：怪兽、巨人、龙仍旧流行——这些生物不仅存在于传说中（《贝奥武夫》），还被塑造成了图画和雕塑，直到罗马鼎盛时期，这些形象才完全消失。在外部，这个世界仍受到北欧人的威胁，他们乘龙船溯河而上。这种情况一直延续到公元10世纪：西方的法兰克王国受北欧人威胁，巴伐利亚、萨克森、士瓦本被匈牙利人烦扰，意大利南部则面对着阿拉伯人。

最终，克吕尼和戈尔兹修道院改革的发生和传播标志着一个新的发展阶段，在这个阶段，灵性与尘世的分离达到了顶点。在这些改革之前，整个时代人的思维都是图像化、具体化的，思考和当下的表象还没有分开。世俗的加冕也同样是一次圣礼，具有宗教意义。皇帝的特殊职权既是宗教的也是世俗的——皇帝的身边围绕着许多神职人员。奥托三世甚至以使徒的身份示人，亨利二世成了神圣罗马皇帝，并被罗马的《每日颂祷书》承认。皇帝的威严将黑暗的力量禁锢在深处，直至审判之日来临。因此皇帝就是从内部改革了教会，并把改革带到罗马的人。克吕尼运动寻求的是教会的自由，这项改革从根本上改变了人的思维。图像化的、想象的世界观被《教皇赦令》所列举的那些基于观点和法令的世界观取代。起初，这意味着分隔和划界——宗教是一回事，世俗是另一回事。皇帝向外挥舞着剑刃，教会向内掌管着言论。这种分隔遍布在生活的方方面面：属于上帝的神职人员不可以再与属于尘世的女人结合，这便是禁欲主义的开端；每个星期都被划分成"圣日"（从星期四晚上到星期日）和"世日"，圣日期间任何斗争必须休止。另外，这也是罗马教会与东正教会最终决裂的时期，1054 年 7 月 16 日，在红衣主教宏伯特领导下，教廷使节颁布了一道诏谕放在索菲亚大教堂的祭坛上，宣布将弥格尔·赛鲁拉留斯及其信众革除教籍，这道诏令意味着东西方教会的彻底决裂。

紧接着就是神学思想的真正开端了，对于圣餐本质的最初争论就出现在 11 世纪——图尔的贝伦伽尔的 *De sacra coena adversus lanfrancum*①。在 11 世纪，人们第一次在基督教意义上见证了上帝的存在——坎特伯雷的安瑟伦。因此，zwîvel、怀疑，到 11 世纪也开始显现出来。发明了辩证法"是与否"的彼得·阿伯拉也是出生在 11 世纪。所有这些都表明，思想已从图像中抽象了出来，分析思维已取代了图像思维。这个洞察能允许我们更好地讲解中世纪的宗教战争：西方已经失去了中世纪早期的图像化、具体化精神，开始寻求灵性和信仰，于是它开始向着遥远的土地去寻求，开始了"跨越海洋的美好之旅"。然而那些到达了圣墓教堂的士兵却没找到什么好消息，只有空空的坟墓和那位女性留下的话——你

---

① 译者注：拉丁文，意为"驳兰弗朗克的圣餐说"。

们所寻找的拿撒勒的耶稣，他不在这里，他已经复活①。

接下来的 12 世纪，是首先以克莱尔沃的伯纳德为标志的：崇高、严苛的禁欲主义精神，热烈的宗教热情，以及政治斗争成了新修道会的特征。伯纳德支配教皇和国王，他走到各地，进行询问、治愈、调解和惩戒的工作。因此，在召唤基督徒开始第二次战争时，他的话语打动了两个国王和上千士兵。然而向东方行进的路上，骑士们却忘记了牧师的话语，战争酿成了大祸。对同时期的人来说，这是一个信号，是在鼓励完全不同的生活方式。第二次战争时，阿基坦的埃莉诺陪伴着她的丈夫——法国国王，并确信无疑地找到了她一直在寻找的东西：拜占庭的宫廷生活，即她那安条克的叔叔雷蒙德所在的东方宫廷的魔力。回到家乡，她和虔诚的国王离了婚，并在普瓦图的首府昂热建起了自己的宫廷，后来这里便成了欧洲宫廷文化的中心：吟游诗人在这里唱诵和创作，宫廷浪漫文学在这里诞生。埃莉诺很快就嫁给了英国国王亨利二世，1157 年，她生下了她的第一个儿子——狮心王理查。1170 年，埃莉诺又在普瓦捷与亨利离婚。后来的国王和公爵都精熟于普瓦捷的宫廷礼节，并将其作为自己宫廷的效仿对象②。

相较干禁欲修道主义，世俗领域的骑士精神也发展出了自己的文化。宫廷抒情诗和武功歌③歌颂着过去几个世纪的骑士——罗兰④和纪尧

---

① 译者注：耶稣死后第三天早晨，抹大拉的玛丽亚和雅各的母亲撒罗米要去为耶稣的身体涂抹香膏，到墓地的时候，发现耶稣基督的身体不见了。玛丽亚就在洞门口哭泣，以为耶稣的身体被人盗去了。在玛丽亚低头哭泣的时候，突然有两位天使站在玛丽亚的身后说："为什么在死人中找活人呢？他不在这里，他已经复活了。"
② 参见：Friedrich Heer, *Mittelalter*. Zürich, 1961, p.257-324. Regine Pernoud, *Königin der Troubadoure*. Munich, 1980.
③ 译者注：11 世纪至 14 世纪流行于法国的一种数千行乃至数万行的长篇故事诗，通常用十音节诗句写成。以颂扬封建统治阶级的武功勋业为主要题材，故称"武功歌"。
④ 译者注：罗兰是公元 8 世纪时查理曼大帝麾下十二圣骑士的首席骑士，为短暂而辉煌的查理曼帝国立下了不朽功勋。同时他也是查理曼大帝的侄子（也有说是外甥），史上第一位被称作"帕拉丁"（即圣骑士）的人。他骁勇好战、为人正直，拥有无可挑剔的美德，是法兰西时代可与亚瑟王相比的骑士。罗兰身上折射出了中世纪法兰西乃至整个欧洲的骑士精神。

姆①。骑士文化强调的价值与教会所限定的不同：世俗、理想化的爱，对女性的仰慕，骑士的礼仪，等等。在亚瑟王的史诗中呈现出来的就是这样一个世界。为了这样的理想，克雷蒂安·德·特鲁瓦和沃尔夫拉姆·封·埃申巴赫都加入了基督教的圣杯概念。对沃尔夫拉姆来说，这个传统是与法国南部世界相关联的，因为他坚称真正的圣杯"冒险"是普罗旺斯的诗人基俄特传达给他的，而基俄特自己则是在托莱多，即阿拉伯世界找到的被遗弃的原始版本。在这方面还有一点值得注意——沃尔夫拉姆的最后一部伟大史诗《威勒哈姆》就是描写基督徒和阿拉伯人在法国南部的冲突的。在争斗的尾声，威勒哈姆承认，代表阿拉伯的国王马特雷布莱兹是一个勇敢、真实、慷慨、坚决的人，于是释放了这位战败的国王，让他回到自己的家乡。

  12世纪，还有第三种新文化势头渐增，那就是城市文化。城市已经从主教的精神统治中成功脱离出一部分，这时接管权力的领事已是贵族和对外贸易中势力强大的商人。这些城市有自己的宪法，重要公民、同业公会、兄弟会和古老的家族因誓结盟。威尼斯、热那亚和比萨就是最早的几个如此发展的意大利城市，它们的崛起在很大程度上得益于中世纪的宗教战争，但它们的利益又与军队相去甚远。在德国，汉萨同盟西起布鲁日和伦敦，东至诺夫哥罗德，开创了新的经济格局。城里的生意人所欢迎的外在自由与其内在自由相契合，在这一时期，这种自由是只属于城市的——共同特权，防止任意干涉，有权占有市场，在一些地方还有选择牧师的权利。在许多城镇，同业公会和兄弟会在严格、私密的圈子里集会，培养他们自己的精神及文化生活。由于他们因神圣誓言而结盟，互相帮助并警惕地对抗任何侵害，图卢兹（1229年）、蒙彼利埃、阿尔勒、阿维尼翁（1326年）的议会皆颁布法令禁止这些社团②。此外，当时还有数

---

① 译者注：《罗兰之歌》《纪尧姆之歌》都是法国武功歌的代表作。
② 参见：Joan Evans, *Das Leben im mittelalterlichen Frankreich*. Cologne, 1960, p. 43-46.

不清的教会公会和兄弟会，乃至后来的贝干诺派和贝格派。总之，城市将手工艺人以及商人的世界经验引以为傲，因此为自信和自知奠定了基础，这种自信和自知在此后的文艺复兴时期大放异彩。在那些维持并保护自己的自由既不受宗教，也不受世俗主导的社群中，这种品质的发展尤为突出。

13世纪早期，即沃尔夫拉姆·封·艾申巴赫和瓦尔特·封·德尔福格威德笔下的时期，是以社会生活的高度分化为标志的，自此社会阶级的分层越来越明显。在城市里，除了对外做生意的商人、手工艺人和他们的公会，还有坚决的贫穷阶级，这在巴塔利亚和米兰是显而易见的。在精神浪潮中，他们崇尚贫穷，表现出明显的非教会特征，尤其是瓦勒度派和纯洁派的运动。教会以两种新修会来应对由此而产生的问题，二者都是托钵修会①。通过履行贫穷的誓言，这些修会对城市居民保持住了公信度，尤其是对于最底层阶级。不同于其他早期僧侣将修道院建在乡郊野外、偏远树林等地，方济各会和多明我会安定在了城市。这两个修会的主要任务不再是进行祭礼、祷告、《圣经》冥想和文本工作，而是布道和忏悔。由于生活清贫，他们的布道令人信服。此外，对布道者的教育以及对异教的排挤也需要特殊的准备，因此，13世纪早期的另一个显著之处就是大学的建立。博洛尼亚大学、巴黎大学，紧随其后的是牛津、剑桥、帕多瓦大学（1222年）、那不勒斯大学（1224年）、图卢兹大学（1229年）、昂热大学和萨拉曼卡大学。除了农夫和单纯的乡村牧师，商人和手工艺人，阶级官员和骑士，吟游诗人和歌者，现在又有了学者、教授——在当时被称为doctors（早期基督教的神学家的称谓）。

最后一个象征着这种分化的图景就是哥特大教堂，它有着宗教的本源和象征意义的形式，它是城市的杰作，是建造大师和石匠的屋舍；它

---

① 译者注：13世纪上半叶罗马教会为与异端教派争夺群众而建立的天主教修道组织。其修士积极维护正统教义，热心布道，甘愿过清贫禁欲的生活，以标榜赤贫、攻击异端来挽回教会的威信，并到各国乡宣传所谓"清贫福音"，要人民安于贫困、忠于教皇。因以托钵乞食为生，故名。主要派别有方济各会和多明我会，与奥古斯丁会和加尔默罗会合称四大托钵修会。

是属于城镇里所有社群的地方——斯特拉斯堡的居民在主教被驱逐后建造了他们的大教堂。与罗马式教堂不同，哥特教堂的人物均为整体雕塑，我们可以看见完整的人类个体——先知、骑士、女人、天使，他们每一个都被塑造得栩栩如生且个性鲜明——他们都已是新时代的人。

13 世纪的精神生活以及人民生活

1200 年前后，有一项在 11 世纪中期即开始的发展逐渐走向了终结：旧有的、受灵性指引的生活彻底消亡了。在 12 世纪，许多教会学校仍在培养一种想象的、诗意的思维方式——向源自灵性世界的印象敞开的思维方式——其中最著名的就是沙特尔。到了 13 世纪，经院哲学和神学对于纯理性活动的实践达到了顶峰，在严格的人为制定的论点与纲要之下，论证需要按照精确的规则进行。而且，经过敏锐的区分，对于概念的精雕细琢达到了最大的程度。可以与这些思维建筑相提并论的就是哥特大教堂的精妙测量：悬挂的扶臂和弯梁，形象和装饰通过光和对重力的克服让上帝之城在世间显现。虽然拉丁语系经院哲学的精神生活深深影响着大众的思维方式，它还是仅能被那少数的几千人理解——那些在巴黎、博洛尼亚、牛津、科隆的几所大学以及少数修道院受过多年教育的人。因此那个时代的作者——比如艾尔伯图斯·麦格努斯、托马斯·阿奎纳、邓斯·司各脱、奥卡姆——都可以信赖他们的听众和读者是有能力理解他们最为难懂的论辩的。著作都直指问题的核心，因为这些受过教育的小众读者也同样能理解这个"问题"并做好了相应的准备。

在此之前的文学都只是口口相传的，到这时便开始有了书面形式，出现了精妙的诗歌和自觉创作的史诗。《尼伯龙根之歌》《帕西法尔》《艾莱克》《崔斯坦》（几乎所有中古高地德语文学的经典作品）都是在 1200 年前后创作而成并在宫廷表演的。可以肯定的是，即便是这样的文学也只是在相对较小的范围内流传——骑士世界，或许还有商贩和商人。我们必须假定还有第三种文化，那就是在童话、传说、笑话和其他故事中所体现的农民文化。这三种文化都受到过去的传统的滋养，但这个过去却并不遥远，而且是活生生的：福音的乡间传播、古代哲学的问题、尼伯龙根的战争，这些都被思想赋予了那个时代的图景形式。所有问题的传播和交流都依赖于人际交往以及人与人之间的传达与训练。一次社交集会，听一个故事，对讲故事的人产生个人印象；而作为讲故事的人，他看向观众的眼睛，建立起眼神的交流。旅者从很远的地方来到一个小城镇，通过讲述一个遥远的事件来解答这里的问题；而他给观众留下的印象又与他说的话混合在了一起。人们可以先对他作仔细打量，然后再据此判断他说的话。同样地，一个僧侣在大学的学习，主要是通过教师为他阅读，对文本进行评论，并让学生在讨论中练习。因此，传统的知识学习始终是以人为介质的，那么一个人就有可能会把自己的经验和判断附加在所学的知识上。所有的交流形式，所有文化生活的内涵，都浸没在个人体验之中。只有不断训练自己内心、头脑和灵魂的力量，一个人才能找到解决难题的办法。这种文化形式一直发展壮大到15世纪中叶，骑士精神、神学和农民的文化融入了一种特别的"城镇"文化，并在"名歌手"①、神秘剧和布道艺术（指的是在哥特大教堂的大厅中进行的静默见证）中得到了表达。除了行业公会，这时还出现了世俗的宗教运动、兄弟会、现代虔诚派。一切都基于人的关系，僧侣和骑士的修会就是人的社群，而且丝毫不亚于大学、村庄和城镇。甚至是封建制度下的国家，也可以被概括为"一个人际联合的政体"。人的准则扫清了一切，这个在上帝手中的世界是可以被测量的。哥特大教堂就反映着这个世界的图景——这是属于人类的世界。

---

① 译者注："名歌手"指的是中世纪德国手工业行会的工匠们因热衷歌咏活动所举行的歌唱比赛的获胜者，他们荣膺"名歌手"的头衔，受到行业和社会的尊敬。

第十二章　十二年级

雅各布·布克哈特在《世界历史沉思录》的开头指出，历史是"非哲学"的，因为它并没有置事实于次要地位，而是对其进行整合。鲁道夫·施泰纳也并没有发展出历史的哲学，但对于布克哈特所说的整合——通过在前或在后的事件解释历史现象，他认为是不够的："只有在灵性世界，才能找到对于历史事实的解释。我们必须基于灵性世界来阐述历史事实，否则事实就是死的。就好比物体本不发光，只有用一道光照过去才会亮起来。"这道照亮历史的光就是人类真正的灵性和心魂发展。这种发展观并不在惯常的历史哲学意义上，而是包括了心魂、灵性层面的事实。我们必须从这个角度理解鲁道夫·施泰纳在4月29日的大会上对于课程大纲的点拨："那么，这一切你们都谈到了，不是吗？现在需要做的就是纵观整个历史，找到这方面的关联。你们已经听到我在教学课程中所说的，孩子到12岁才开始理解因果关系的相关概念。从这时起，在因果关系方面的教学会一直持续到十二年级，当然教学必须是生动而且个性化的。到了十二年级，重点就是更加深入表面之下，试图阐明历史的内在面貌。"

深思这句话，"关联""个性化"和"历史的内在面貌"这几个词尤其引人注意。"关联"就是指与发展的联系，将其呈现出来的最好办法就是对照，也就是表明人们看待和体验世界的不同方式，或者在一起生活的不同方式。这里的重点不是进行宽泛的观察，而是个性化地去理解这种面对和体验世界的方式，也就是说要借某些个体的命运去解释发展，同时在这个过程中还要触及历史的内在面貌[①]。

[①] 参见第二章：历史征候学。

鲁道夫·施泰纳对于课程大纲给出了进一步建议，那就是在历史上的伟大文明中找出它们的"古代"，它们的"中世纪"，以及它们的"现代"，并在这层意义上研究这些文明的发展是否充分。在这里，施泰纳提到了从现代开始发展的美国文化，它便没有古代或中世纪。鲁道夫·施泰纳以古希腊史为例，解释了他所说的古代、中世纪和现代是什么意思：最早时期——荷马时期——就是古代，伟大的悲剧作家的时代就是中世纪，柏拉图和亚里士多德的时代就是现代。这个想法带给历史老师的任务就是考虑这种分类法及其应用。只有完成了这个任务，才有可能运用这种方法讲解其他十二年级的主题，更加深入而且个性化地研究整个历史。

关于古代、中世纪、现代的区分，这里再补充几句：

人们可能会想到将希腊历史上的克里特和迈锡尼时期视为古希腊的古代，或者说英雄时代；多利安人的迁徙和荷马时代则是中世纪，因为早期的神话和传说在这时形成了诗歌体，就像中世纪的德国一样；而古希腊的现代则始于梭伦（法律平等的开始）和泰勒斯（哲学的开始）。这种视角忽略的是，克里特文明以及在其影响下的希腊陆地文明并不代表后来的希腊文明的开端。特别是克里特文明，其本身就是独立存在的。希腊人民的形成是在多利安人迁入之后才开始的，正如德国人民的发展是在查理曼大帝之后才开始的。我们如果首先假设古代、中世纪和现代是一个文明必经的三个演化阶段，那么就回到了鲁道夫·施泰纳提出的区分。从这个角度上我们可以说：在一个文明发展的第一阶段诞生的是该文明的基本形式、内涵和基调。到第二阶段这些东西便由人类掌管并重构了，希腊的悲剧大师们有意识地以一种全新形式掌握了希腊的神话和传说，将它们融入了一个结构化的模式。同样地，古典时代早期也有意识地继承了远古的馈赠，克里斯提尼确立了雅典的民主。最终，人类用艺术形式表达的东西进入了苏格拉底、柏拉图、亚里士多德的思想。

如果这样来理解西欧和德国文化，我们可以说奠基阶段是从查理曼大帝一直到13世纪，而后的哥特时期、文艺复兴、宗教改革和巴洛克时期相继重塑着文化的主旋律，直到17世纪开始，它们才被有意识地思考，并形成了新的理想与文学形式。这里重要的并不是在寻找三元模式的准确对应关系方面成为专家，而是理解发展——虽不必要——却有可能遵循这一过程这个潜在事实：一个原始内涵最初被吸收，随后逐渐展开，最后成形。这个成形过程需要心魂用所有的创造力量去吸收一个文化的主旨。人类意识在这个吸收过程中重建，进而通过自己的意志继续塑造，并在塑造过程中获得对自我的感知。直到这时才会出现思想和观念：文艺复兴和宗教改革在自我觉知（对自我的感觉）的层面上塑造着文化，然而自笛卡尔时期就开始讨论的"我"的意义，直到德国理想主义哲学发展时期才完全显现出来。

如果再仔细想想这个过程，便会注意到每个文化的形成均需要某种直接的传统——在该文化的萌芽期，由一个民族或文化共同体发展出其内在固有的东西。而值得注意的是，第二阶段，尤其是第三阶段的产物也有可能为其他民族和文化所吸收，这就造成了文化的分裂——这在当代是非常典型的现象。欧洲文化的元素被强加给中国和日本这样被我们定义为古老文化的国家；北美文化本来是直接继承于欧洲文明，现在又反过来吸引我们的注意。这样看来，不论完整与否，各个文化的图景以及它们之间的联系和交集都愈发清晰了。

不过，这种看待文化史的视角只有以人类学历史为依托才有意义，因为这关系到每个文化背景的形成以及历史发展的意义。关于人类学的理论基础已经在第二章中有所论述，那么问题就是到了十二年级它该以怎样的形式出现。从外部视角来看，这个方法可以联系到人类历史上的四次巨大变革上：定居过程，古代文明以及城市的建立，从神话思维到理性思维的跨越，以及以技术进步为外在标志的革命。但是研究这些概念时还是有一定的危险，因为它们本质上是来源于文化形态学的，也就是说：在我们进入发展的外部征候的同时，却忽略了在外部事实背后，人类发展的内在过程。

因此至关重要的是，我们为讲解人类发展而选择的主题一定要有继续深入的可能性。比如那几次巨大变革，就给道德、记忆、世界观、死亡观、艺术和人的互助关系带来了本质上的改变。类似道德这样的主题可以打开视野，让人同时既对一个纪元的社会和历史发展，也对人的内在发展产生更深的洞见。比如人类在定居的过程中[①]，还在善与恶之间划清了界限，那时的善恶之分是绝不含糊的：善就是一切对农业和土地开垦之人的帮助；恶就是一切对定居和农业的阻碍或破坏。可以说，道德完全是由外在决定的，农耕和群体生活所必需的条件就要求人们有相当明确的行为和态度：勤劳地耕种和灌溉，尊重其他农户的劳动，分清"我的"和"你的"。然而就是这最简单不过的事情，却需要所有人拿出最大的奉献精神才能实现。于人的内在，这种毫不含糊的决心标志着对自己生命完整性的深深割裂。人的思维和所有的习惯都烙上了一个明确的印记，游牧民那种不确定、开放、富足，并有着多重形式和意义的世界观从此受到了限制。在这种限制之下，人类将自己关闭，不再受到宇宙的全息影响，成为独立、有限的存在。这并不是某一个个体的差异，而是在行为、理解和习惯上全然的决绝——一切都受到了必要的季节性工作的约束。因此，古波斯文明显露出相当的决断性，这在其对死亡的理解中便有所体现：后来的一个习俗表明，波斯人相信亡者需要从一把剑上走过，跨越死亡深渊，若是恶人，这把剑便会利刃朝上让其断成两半，落入万丈深渊。

古代高等文明对死亡又有不同的理解，《吉尔伽美什史诗》就表明死亡逐渐变成了一个谜。所有凡间事物转瞬即逝，这般谜题让人们产生了探索来世的冲动。因此，吉尔伽美什在好友恩奇都死后，便开始了对长生不死的探索。尤其在当时的埃及，对死者的祭拜显然能体现出人类智慧和文化的发展。这种智慧本身也以不同方式显示了出来，巴比伦和埃

---

① 参见第十章关于十年级的内容。

及文化都有很多神，但只有那些代表着恒星、行星和星座的神才是最重要的，他们之中的每一位都有特殊的神谕要传达给人类。神性的分化也对应着社会生活的分工：国王、祭司、医师、工匠、书吏、战士、猎人、手艺人和农夫，等等。道德和社会行为也相应地分化了，道德变成了群体中的某个人在某项特定工作中表现出来的能力和智慧，埃及的 ma'at 概念便是如此。泰希曼如此记述这个概念："我们仅能将它释义为真理、公正、正义或秩序，它其实既是神界，也是自然界的生命气息。我们这个宇宙秩序井然，所有的存在都各就其位、各司其职。几乎所有的艺术形象都为 ma'at 赋予了生命的迹象，以此来表达它与生命之密不可分的关联。国王是了解 ma'at 的，他的任务就是在尘世实现 ma'at，亦即用天道法理来治理尘世生命。"

  文字的出现让人的记忆发生了本质上的改变，在古代甚至中世纪时期，那些掌握了文字能力的人便拥有了完全不同的记忆。在原始社会，记忆是与外在事物相连的——人们通过地点和标志物记得发生过什么。之后便出现了传统，不同民族和部落通过韵语传承各自的习俗。正是从这种传统的韵律吟唱中，荷马才获得了关于特洛伊战争的讯息。回看我们自己的文化领域，尼伯龙根和圣杯传奇就来自这样的传统。这种记忆是能够超越个体，一代代地传承下去的。文字最初出现在古代苏美尔时，并不是用来记录灵性或宗教意义上的事务，而是用来管理经济事务的——它用于登记生产的分配和运送。在这层意义上，记忆的确需要一些辅助。但埃及早期的象形文字最初并不是帮助个人记录重要事物的，墓穴、金字塔和神庙里的文字也不是给人，而是给神看的，是为了客观地记录下来"是什么，曾是什么，将是什么"。随着时间的推移，象形文字的铭文越来越广泛、细致，开始应用于信札往来，于是便非常偶然地成为记忆的辅助。然而这个时期心魂发展的关键却在于，人对于宇宙的认知是一种坚定、明晰的心智图景，这一点直到希腊时期才发生改变。具有重要社会意义的事务首先是落到了书面，然后被确立和发表——比如梭伦以及其他人的法律。直到这时，希罗多德和修昔底德才开始记载人间的历史。

十二年级还有一件尤为重要的事情，那就是介绍卡尔·雅斯贝尔斯提出的"轴心时代"的征候。在我们面前的事实是：中国、印度、波斯、以色列和希腊都出现了新的历史冲动，虽然每片大陆各有不同。首先一个重要的事实便是，不同地区各自独立地出现了同样的冲动。思考开始成为人类面对世界的媒介，命运、自然和古代神话开始由思想来表达。在"轴心时代"影响下的人在思想中体验自己的存在：他们意识到了自己作为人而存在，不再将自己视为宇宙的一部分，他们直面命运，试图通过思考和思想引领人生，进而掌控自己的命运。

我们如果想探寻这个纪元的内在历史主旨，即死亡、记忆、道德，那么首先清晰起来的就是人类对于死者王国的觉知逐渐淡漠了。在特洛伊战争中活下来的奥德修斯经历了死者世界的映像，而在真正的希腊文化中，只有传说仍讲述着通往阴曹地府的入口在哪里敞开。活在思想中的人类现在只能看见那大门紧闭，只能用看待自然的方式看待那扇死亡之门：人类知道自然中蕴含着灵性世界的作用，但现在仅能将这作用诠释为某种迹象，或是用思想去理解。在伯里克利的传记中，普鲁塔克讲述了传说中伯里克利在乡间的宅子曾出现过一只独角的公羊。神谕者朗蓬将其解读为当时分裂的政权将倾向于公羊找到的人，而阿那克萨戈拉这个自然哲学家却不同，他剖开公羊的头并指出它的大脑没有填满整个头颅，而是缩在一起像一颗鸡蛋，尖头朝向羊角的根部。就这样，自然变成了需要解密的东西，它变成了一个密码，有人将其视为未来的预兆，有人则依照过去对其进行解释[①]。

在这个时期，记忆和良知更多地成为内在体验：曾经的复仇三女神欧墨尼得斯现在成了内在良知的力量，记忆也不再是记忆女神谟涅摩叙涅（与宙斯生下缪斯的女神）的宇宙之力，而是成了心魂的内在空间。

---

① 参见：Dietz, Karl Martin: *"Erinnerung und Wissen."* In: *Die Drei*, 1976, p. 666.

奥古斯丁《忏悔录》第十卷的第八章中包含了对这一体验的非凡验证，奥古斯丁发现感官世界无法令他对自身存在产生更深的洞见，并继续写道："因此我应该跨出我之存在的这一部分，慢慢上升至我之创造者那里。那样我才能到达记忆的田野和殿堂，经由我的感官所收集到的无数事物的映像便是那里的奇珍异宝。我们对感官所及之物进行放大、缩小乃至改变时所进行的一切思考也储藏在那里——尚未被遗忘所吞噬和埋葬的一切都在那里。"在这段介绍之后，奥古斯丁对记忆进行了详细的描写，将其刻画为无穷心魂的内在空间，人则在其中自我觉醒。从古希腊的悲剧作家到苏格拉底和柏拉图，再到奥古斯丁，这种向内的发展一直延续下来，这个内在空间（可以被称为性情心）至此已由基督教的忠诚所填满——这些都是十二年级的学生完全有能力理解的。

　　这个时期的第三方面体现在个体道德融入了群体道德。在古代文化中，个体在群体中的地位主要由外界决定。大部分人都以务农为生，少数人成了手艺人，只有极少一部分人是在神王及其助手（祭司和亲王）的指引下，主导着民众的命运。个体几乎没有机会掌控自己的生活——生活是由出身、需求和阶级决定的。在希腊和罗马也是如此，尤其是在东方，出身——一个人出生的家族——始终是于外在塑造生活的一个决定性因素。不过与古代文明相比，大部分情况还是已经改变了。于外在，航海、贸易、远程军事活动都带来了更大的流动性，个体便有机会改变自己的地位。在有民主或共和宪法的地方，整个国家的事务都要经过商讨，个体也了解到公共活动的不同可能性。甚至在没有这么多外在可能性的地方，也有不同的思想和观念，比如犹太教的撒度该派和法利赛派，或是艾赛尼派的生活方式。佛教在印度影响了许多人，给了他们追求自己内在道路的可能性。最终基督教则对所有人说："奴隶和自由人，男人和女人——人人都可以成为基督徒。"

　　当善意的行动开始有思想的介入时，上述历史形势就自然要发生了。在古代文化中，服从便是美德，人们应当服从自己的父亲和兄长，服从国王和他的代表。然而自苏格拉底开始，每个人便都可以问问什么是"善"。而后，柏拉图用思想的形式发展出他的美德概念，斯多葛学派和伊壁鸠鲁学派则各自用不同的理解追随柏拉图的概念。他们的美德都成形于思想，但也都有一个普遍的道德规范——不过当时还不存在现代思想中基于爱和自由的个体行动。但思想还是自立门户，对抗着传统和单纯的服从。我们再次以奥古斯丁为例：奥古斯丁的传记就是一个努力向内寻求新的世界观的人生故事，一个经历了不同世界观和思想，直至最终基于自己的经验，选择了基督教的人生故事。

个体如果将自身从传统中解放出来，便能在法律中找到保护。在更早期也是有法律的，但是罗马首创了民法——这是私有权利的法律，保护个人，并约束人与人之间的事务。罗马的民法充满了个人自治的思想，它允许个体决定自己的继承人，也允许继承人放弃继承权。同样地，个体有权自由制订合约并提出法律诉讼。这种法律形式的重要性在于法律保障——它以法典的汇编和颁布为基础，为个体提供保障。

法律程序是经过严格制定，并遵循特定形式的——经由罗马的历史进程改变了的形式。不过本质上，法律程序是为了确保当事双方都有发言权，并由第三方做出裁决。第三方即仲裁人，由执政官或其他地方官员委派，通常要取得当事双方的认可。判决则以成文法以及罗马传统中定义明确的习俗为指导。

在十二年级可以相对简略地看待中世纪历史，因为它是十一年级历史的主题。若我们纵览世界历史，中世纪在两个文化领域的交集上提供了很好的范例：古代传承仍在继续，现代文化蓄势待发。中世纪对其吸收的所有古代元素进行了转化。经由教会神父，也经由新柏拉图主义和亚略巴古的伪丢尼修，希腊的哲学遗产得到传播，并被附上了一层基督神学的理解。到了13世纪，亚里士多德也被人们仔细钻研，他的思想被归纳进了"神圣学问"，自此也获得了新的形式和意义。类似地，罗马皇帝（恺撒）变成了基督教皇帝（凯撒），罗马帝国也变成了神圣罗马帝国。

同时，在皇帝的庇护下，法兰克人、撒克逊人、士瓦本人和巴伐利亚人的部族都在中世纪存活了下来。这些部族仍秉承着尽忠职守这种古老的德意志观念——自由人将自己的自由依附于一位领袖（或"主人"），宣誓对其效忠、进谏和辅佐，而领袖则以庇护和生计作为回报。领袖就这样指挥着自由的人们，后来中世纪的封建制度正是从这种关系中衍生出来。在这样的制度下，自由思想已然难得一见，只是偶尔才有公开体现，比如《大宪章》和瑞士永久同盟。

的确，中世纪吸纳了希腊人和拉丁人的观念，但同样明确的是，中世纪的人有一种精神和心灵上的渴望，那是一种内在探求，有别于希腊人的思考。这种渴求在经院哲学中有所体现，在德国神秘主义中更是显而易见：它寻求通过个人体验接近上帝，来确认自己灵魂的不朽。这种心魂意志在路德的宗教改革中表达得非常明确，路德坚称信徒可以并且应该直接找到上帝。因此在整个中世纪，我们看到古代的趋势在起作用，但同时新世纪的灵性渴求也蓄势待发——最初仍是潜藏着的，后来就愈发明显了。

我们对于世界史的所有学习都是为了理解现代和当代，学生更深的关注和疑问也在于此。为了建立起对当代的内在理解——一种可经由内心体验到的理解——学生就需要一个综合视角来帮助他们认识人物和事件。这里有一个很有帮助的形象，那就是浮士德。对浮士德来说，传统的知识尽是迂腐，一切不过是陈腔滥调、是死去的，毫无意义。所以浮士德暂且把《圣经》收了起来——"在门后，在凳子底下"。他不想再被人看作一个神学家，只想做一个凡夫俗子：他开始自称为医学博士。浮士德想要从他那狭窄的、高穹顶的哥特式房间破门而出，他向往魔法，却又没有变出魔法的能力。独自一人的话，他甚至还不如自己的侍从瓦格纳。于是他与魔鬼靡菲斯特立下契约，以期如此找到通往世间的道路以及自己在其中的作用。浮士德就这样将自己托付给了一个比他要强大得多的力量，这也将成为一直陪伴他走过余生的力量。作为他的第二自我，靡菲斯特与浮士德如影随形，并对他的内在了如指掌。靡菲斯特不仅把浮士德带到"奥尔巴赫的地下酒店"和"女巫的厨房"，最终还把他带到了广阔的世界，尝尽世间悲喜。

其实现代史也有同样的表征，时代的领军人物把《圣经》放在了门后，希望到广阔世界去冒险、去征服。在这个过程中，他们的行动和意志释放出一股力量，他们对这股力量的控制并没有好过浮士德之于三个大力士。即便是明显无害的印刷术，在发明之初的几十年之内，也在全世界施了魔法，转化了人类的心智构造。这种对世界的操纵和转化在现代技术上体现得极为明显，其发展本身就在确立技术相较于人类的优势地位，而强大的内在动力又让它不断地革新和迭代。虽然许多科学家都认同某些研究不应该再继续进行，因为他们看到了可能发生的不幸，比如基因操纵，但他们的洞察却难以起作用，这些研究无论如何都会在某处，以某种形式得到技术上的启动和开发。

如果想一想实验的本质，这两种大致的图景就更加易懂了。实验法的首要依据就是：单纯的自然观察已经不再有什么可以传达给实验者，自然已经是死亡的。鲁道夫·施泰纳在旧歌德馆的小穹顶上所作的画便揭示了这个奥秘：在浮士德的形象底下，他画了一个骨架。这是有历史根据的，现代正是与新的瞬间意识与死亡意识同时到来的，这种意识在对死亡之舞的描绘中强化了千倍。既然自然是无声的，是死亡的，那么实验者就必须依赖于自身的活动。同时，"人类活动"与"实验过程中的人类活动"也有了区分：人类制造出仪器和测量工具开展实验，这是一个非凡之举。某种仪器基于人类思维被构造出来，过程中却要万分谨慎，以避免任何来自外部的自然或人为影响。仪器受到精密计算的检查和控制，实验结果则被翻译为数学物理的语言。用这样的方式，人们获得了一些关于自然的新知识——这知识经由人类活动产生，却不再与人类经验有关。

那些将实验法应用于工业与技术，或者在日常生活中使用技术设施的人在行使着权力，但他们对于自己所做的事情却没有了体验。一个人驾驶一辆汽车，从每小时60英里的速度到停下来，在踩刹车这个活动中他并没有体验到轮胎上发生了什么。扔手榴弹的人体会不到受害者的痛苦，用化学品给某地下毒的人体会不到动物和植物遭到的损害。人们甚至不再能体会到社会生活的意义。根据一些计算，我们可以说工业化国家的每个居民背后都有大概一百个看不见的"能量奴隶"。这也是极少有人注意的，毕竟，谁能想到今天生产粮食消耗的卡路里是粮食所含卡路里的四倍呢？

然而通过仪器行使权力这种姿态，却不可能仅仅被限制在技术和工业领域。绝对主义在原理就是同样的结构，它希望把国家当成机器来看待：纳税人提供能量，官僚机构就是吸收能量的装置，常备军是进行实际工作的装置。这里也非常典型的是，国民的命运对统治者来说是不可知且无关紧要的。现代的专政，以及他们强施的政治立场、集权化、知识标准化、自上而下的控制——这些都表现出同样的行使权力的倾向。因此我们可以看出，实验和机器是重要的历史征候。

把现代这种操纵自然和人类的趋势理解为自由意志的表达，这无疑是一种误解。把自由在现代的发展看作对权力追求的对抗其实是更为现实的。自由的历史开始于对权力的限制，而且历史在这一点上迈出的第一步就是宽容的思想。在灵性意义上，宽容意味着放弃一切绝对上天的、宇宙的真理主张。没有人握有真理的全貌，那么针对不同思想和观念进行讨论和比较就是合理的。现代早期，对思想的广泛讨论和自由发表的舞台出现在荷兰。荷兰为整个大陆的逃亡者提供了避难所，其中就包括笛卡尔、斯宾诺莎、约翰·洛克。自由发展史上的第二步体现为对人权的日益认可。然而人们一定要意识到，人权最初的出现无非是为了限制国家的权力：制止擅自逮捕（违反将遭到严惩），保护居所和财产，新闻和集会自由，以及陪审团审判权，所有这些都阻碍了国家权力的干涉。相比之下，今天那些呼声极高的权利——受教育权和劳动权——却给了国家更多的干涉权。事实上，这些权利已经形式化，国家的干涉成了义务。人权由权力分立的措施所补充，前文曾提到这是属于那个时代的伟大社会发明。然而，单凭权力分立本身还无法让自由继续向前发展，到了今天，自由还必须由社会生产自由所补充。

社会生产自由承担着亟待解决的任务，这些任务是多方面的，可以由研究解决，也可以由社会救助、辅导和训练解决。在经济需求起作用的地方就存在着许多这样的事业，换句话说，就是生产出来的东西能被卖掉，换成收益。不过，如果成功做到这一点，这种自由的企业就会用到技术，就要在很大程度上依赖于上面提到的"能量奴隶"。即便在当今的工作环境下，被企业雇佣的人也几乎不会感到自己是在自愿地做着什么有社会意义的工作。顺便说一句，这一点其实也是有可能改变的。但还有一些社会工作在本质上是只能自愿从事的，而严重的问题就在于，即便这些工作也并不是基于自由的发愿和个人的组织。研究、社会工作、学校、医院在今天都成了政府事业，援助、教育和研究被规范化和制度化，这导致了严重的社会损害——责任感和主动性遭到破坏。决策由行政机关制定，但他们对事务的了解程度却势必比那些从事实际工作的人要少。不必要的项目有人开展，必要的任务却无人处理。因此在近些年，不仅生产自由的问题没能得到解决，政府事务其实也是每况愈下。

谈到这类问题，其实让我们打开了一个更大的主题。现代社会的特征也包括对社会关系进行反思（不是单指某方面的不满），并为建立更好的社会制订全球计划。因此，才有了托马斯·莫尔的《乌托邦》、培根的《新大西岛》、康帕内拉的《太阳城》。后来，乌托邦成了纲领——比如卢梭的《社会契约论》，而法国大革命就企图实现这一纲领。革命以失败告终，这一事件却让人思考：革命如何能够发生，历史如何能被塑造——这是极为重要的征候。德国革命仍是历史上的一个"自然事件"：没有人提议、计划或引导它如此发生。路德让石头滚动了起来，却没有意识到自己做了什么。1640 年，英国革命者与国王的冲突多少是有些意识的，但他们仍想重建王国旧有的法律，没有人最初就策划了 1649 年的事件。英联邦就这样在预期之外成立了，也正因为在预期之外，和平复辟很快就在 1660 年发生了，是国王又愚蠢地发起了 1688 年的"光荣革命"。法国大革命前夕的形势已然不同，这场将要发生的革命早已有传言，革命想要实现什么也已有想法。这些想法起初是相当明确的——人权和权力分立，但革命却没有在二者都得到宣布之后就此终结，它发展出了自己的势头，最终吞噬了自己的孩子。就在 20 世纪，还发生了其他不仅有目标，更有策略的革命，旨在革命之后重组社会。

所有这些都表明，进入这个时代，人类不仅成了自然的主人，还开始有意识地计划和"制造"历史。唯一的问题在于：那些计划和制造历史的人是否真正理解历史是什么，他们是否知道人意味着什么？看看 20 世纪的这些革命，尽管有其不可否认的经济和政治成果，但上述问题仍令人心存疑虑。如果我们真正严肃地看待人类自由，那么无论是对历史还是社会，都无法进行整体规划和组织。

然而如今我们也不能否认，面对无边的困难和可怕的灾难，对社会和历史进行整体规划看似是一条脱离危险的出路，毕竟我们无法期待这些问题在人的层面上自行解决。人们迫切需求地球资源被公平分配，自然资源被谨慎对待，环境污染和破坏能被终止；人们认识到技术必须受到制约，在过去十年里不断加剧的政治冲突需要用非武力的方式解决；军备竞赛耗费能源、人力、物资，必须在不远的未来走到尽头。所有通情达理的人都能看到这些问题——这些会成为灾难隐患的问题——却少有人做些什么。即便是较小的冲突也难以解决，比如北爱尔兰的问题已经持续 12 年悬而未决。

如果想在实践中解决这些问题，那么在实践和理论意义上显然没有单一的职权或势力能够找出系统的办法，去解决世界上的所有问题。能够纵观各种困难、冲突、危险，并将它们一一解决的"世界大脑"是不存在的，有力量做到这一点的世界政府也是不存在的。那么单从外部来看，就没有所谓整体规划的可能性。如今唯一的可能性就是达成目标一致的共识，这就意味着在定义目标时就需要一个共同的意识。这个共同的意识要认可：其目标是人类生存下去的前提条件，其目标可以成为不同部门、团体和政府行动和立法的依据，并绝对必要，比如立法保护地球生态平衡。在这些情况下，历史进程不是被计划出来的，而是会被意识充满。为达到这种意识而努力实际上就是有意义地塑造历史的唯一可能性。

历史教学的任务其实也是为了发展这样的意识，学生必须通过学习认识到当今的独特形势：

史无前例的第一次，人类必须自己去塑造自己的历史。

史无前例的第一次，不仅是某一个国家或地区，而是全球人类的历史都在何去何从的关键时刻。

史无前例的第一次，人类的技术和环境发展可能让全人类陷入险境。

总而言之，让越来越多的人认识到这样的任务，并在各种可能的层面上将其视为己任是极为必要的。而在这一点上，历史教学也要做出自己的贡献。

译后记

一年前，出于对"历史征候学""华德福历史教学"的好奇，译者在没有读过原书的情况下揽下了本书的翻译工作，其结果就是在整个翻译过程中多次感叹自己未免太不自量力。由于书中的主要教学内容和典故都是围绕欧洲史以及相当一部分德国史展开的，因此非历史专业、从小靠死记硬背学习历史的译者翻译本书的大部分时间都是在查阅各类相关史料。为了便于读者理解，译者也将部分史料在书中做了注释。若发现错漏，还望读者不吝赐教，译者将感激不尽。

全书翻译完成后，重新翻看译稿，不免深感荣幸，因为翻译过程中译者自己也对历史和历史学习有了全新的认识。当下有许多教师注重呈现历史的趣味性，以此激发学生学习历史的兴趣，在这层意义上他们无疑是优秀和成功的。但是本书的作者克里斯托夫·林登贝格却让我们明白，真正的学习兴趣和热情本质上是来源于学生在不同年龄段的内在需求和渴望。给予学生符合他们需求的精神食粮——这大概是这本出版于1981年的历史教科书至今仍能带给教师、家长和历史爱好者的启迪。

对于克里斯托夫·林登贝格其人，我们了解得很少，只知道他是一位经验非常丰富的德国历史教师和学者，这本书也是翻译自原书的英文译本。在此要特别感谢参与审校的张少华老师、洛晴老师以及天使在线翻译项目组同仁的工作和付出。

作者在全书的开篇就在设想，到了2010年，推动世界发展的问题和任务将是截然不同的，并提到人与自然、人与科技以及人与自己内心的关系这些议题。如今到了2018年，世界的确已经非同往日，但我们看待历史的角度仍离不开"未来"这个维度——到了2040年，现在坐在教室里学习的这些孩子将走进一个怎样的世界？历史上有哪些重要的人类经验能够帮助他们面对那个未知的世界？用作者的话说："只有在历史的映衬下，当今时代的特质才愈发清晰……在每个年龄段，我们都要用不同的方式不断为过去的历史时代赋予生命……通过正确理解历史，我们才可以想象——未来不是过去的重复，而是万象的更新。"

董航

2018 年 11 月